Kimberley Garth-James

Modelo do corpo docente académico

Kimberley Garth-James

Modelo do corpo docente académico

ScienciaScripts

Imprint

Any brand names and product names mentioned in this book are subject to trademark, brand or patent protection and are trademarks or registered trademarks of their respective holders. The use of brand names, product names, common names, trade names, product descriptions etc. even without a particular marking in this work is in no way to be construed to mean that such names may be regarded as unrestricted in respect of trademark and brand protection legislation and could thus be used by anyone.

Cover image: www.ingimage.com

This book is a translation from the original published under ISBN 978-620-2-05919-0.

Publisher:
Sciencia Scripts
is a trademark of
Dodo Books Indian Ocean Ltd. and OmniScriptum S.R.L publishing group

120 High Road, East Finchley, London, N2 9ED, United Kingdom
Str. Armeneasca 28/1, office 1, Chisinau MD-2012, Republic of Moldova, Europe
Printed at: see last page
ISBN: 978-620-7-89307-2

Índice

Capítulo 1

Introdução

Ao longo da nossa vida educativa, as faculdades e universidades dos Estados Unidos pareciam estar à beira de uma inovação no ensino pós-secundário, oferecendo ensino à distância. Estudos recentes sobre o eLearning (utilização de tecnologias educativas na sala de aula para ligar os alunos aos currículos e à instrução) centraram-se nas relações entre o corpo docente e os alunos, em vez de se perguntar se estas tecnologias promovem (ou não) uma comunidade de aprendizagem eficaz (Garrison & Archer, 2000. Porque é que o eLearning é um apelo para as faculdades e universidades? É possível que o ensino à distância, ou a utilização de computadores e de sistemas de gestão da aprendizagem (LMS) como o Blackboard, o Moodle e o Canvas, para ligar estudantes e professores num ambiente de aprendizagem que utiliza telemóveis, computadores portáteis e tecnologias dos meios de comunicação social, esteja a evoluir como uma oportunidade pedagógica. Os académicos de meados do século XX discutem as questões, os conceitos e as tendências relativas à mudança da pedagogia através dos computadores e da conetividade à Internet. Gallagher (2003) aborda a questão da conetividade, segundo a qual a experiência de aprendizagem dos alunos deixa de ser apenas presencial e passa a incluir a combinação de experiências de aprendizagem em sala de aula presencial e em linha (Internet); e Mayes e de Fritas (2009) mencionam as características digitais do eLearning. Os académicos reconhecem que a entrega de materiais de aprendizagem em sala de aula (por exemplo, trabalhos de curso, palestras, avaliações), ou currículos, é essencial para o eLearning no ensino superior (Oblinger & Hawkings, 2004; O'Neil &

McMahon, 2005). A comunidade de aprendentes exige mais do que materiais didácticos fornecidos à distância utilizando o Blackboard ou o Moodle, como a tutoria. O quadro da Comunidade de Inquérito (CoI) analisado pelos académicos relativamente à aprendizagem em linha (Internet ou aprendizagem virtual) centra-se em três factores de ambientes de aprendizagem comunitários eficazes, como o ensino, a presença cognitiva e social. Os princípios da CdI, presença social, cognitiva e de ensino, são fundamentais para uma aprendizagem eficaz dos estudantes e são mencionados em centenas de artigos e apresentações académicas (Means, Toyama, Murphy, Bakia & Jones, 2010).

O Departamento de Educação dos EUA encomendou um estudo meta-analítico de mais de 1000 estudos empíricos sobre eLearning, publicados entre 1990 e 2000, relativos às modalidades de eLearning (ensino tradicional presencial e complementado por ensino assistido por computador; e aprendizagem virtual total) e aos resultados mensuráveis dos resultados de aprendizagem dos alunos de 50 efeitos independentes. Algumas das mudanças que estão a ocorrer para acomodar a modalidade de eLearning para ministrar cursos e palestras são a modificação do ambiente da comunidade da sala de aula, por exemplo, a diminuição de 12-16 semanas de instrução presencial numa faculdade/universidade de tijolo e argamassa para 8 semanas virtuais (em linha). As conclusões do Departamento de Educação dos Estados Unidos indicam que cerca de 2000 alunos que utilizam tecnologias de ensino à distância estão envolvidos em oportunidades de aprendizagem centradas no aluno e que a presença do corpo docente é fundamental para o sucesso (Garth-James; 2014). A investigação de Gapta (1984) sobre o tema da contratação de professores investigou a tendência crescente de contratar adjuntos que trabalham menos do que a tempo inteiro como professores profissionais para preencher ou complementar a carga de trabalho dos professores tradicionais titulares a tempo inteiro. O quadro da Comunidade de Inquérito (CdI) consiste em proporcionar oportunidades de aprendizagem relevantes que permitam o envolvimento dos estudantes, ou assegurar a interatividade e a aprendizagem colaborativa; na revisão da literatura, há menções positivas ao desempenho dos estudantes em salas de aula em linha (ou virtuais), aos ganhos de aprendizagem interactiva e colaborativa com os professores, os pares e o currículo (Garrison & Shale, 1990; Garrison, Anderson & Archer, 2001; Means, et al., 2010). O desempenho dos estudantes está ligado ao papel normativo e às responsabilidades do corpo docente. O modelo de eLearning é uma alternativa à sala de aula tradicional de tijolo e argamassa e à dependência excessiva do corpo docente a tempo inteiro; e, um novo modelo de aprendizagem está a resultar numa reformulação da sala de aula tradicional da faculdade e da universidade. A investigação de Kezar e Lester (2009) sobre a reorganização do ensino superior inclui um enfoque na instrução colaborativa que tem implicações para o corpo docente adjunto. O termo adjunto, ou profissionais com formação, é útil para classificar os professores, instrutores, professores ou conferencistas que não são titulares e trabalham menos do que a tempo inteiro (Garth-James, 2016). Os adjuntos tendem a trabalhar numa base contratual que especifica as funções e responsabilidades normativas, por exemplo, lecionar um determinado número de cursos por semestre, e o LMS para aprendizagem presencial ou em linha e, por vezes, tarefas de aconselhamento e desenvolvimento curricular (Kezar, 2013; Smith, 2016; Umbach, 2008).

Em quase todos os casos, verificamos que o Modelo de Docentes Adjuntos (MFA) está a ser gerido por instituições pós-secundárias para cumprir os objectivos académicos que os administradores (incluindo os reitores, presidentes e directores de programas dos líderes departamentais) têm em mente. Quais são exatamente esses objectivos? Num inquérito realizado em 2016 ao corpo docente para um estudo de investigação conduzido pelo autor e uma revisão da literatura, os resultados revelam que a procura de ensino em linha por parte dos estudantes é um motor para a contratação temporária de adjuntos para trabalharem com tecnologias electrónicas na sala de aula física e, sobretudo, para ensinarem no ambiente virtual de aprendizagem (Garth-James, 2016). O Conselho Americano de Educação encomendou um estudo sobre a reformulação das funções do corpo docente, ou a *desagregação* das funções tradicionais de ensino, publicação e aconselhamento; e a Federação Americana de Professores (2002) escreveu sobre as melhores práticas para empregar adjuntos (instrutores a tempo parcial) e sublinhou o estabelecimento de normas que reflectem esta desagregação. A expansão da AFM começou na década de 1980 como uma tendência para acomodar as mudanças que estavam a ocorrer no ensino superior relacionadas com a gestão do aumento das propinas e com a satisfação das exigências dos estudantes em termos de oferta de cursos para a obtenção de diplomas a tempo, bem como com a oferta de horários flexíveis para os profissionais não tradicionais que frequentavam o ensino superior para adquirirem competências e diplomas para oportunidades de promoção. O facto de os adjuntos aceitarem as tarefas do professorado a tempo parcial, normalmente desempenhadas por professores titulares a tempo inteiro, o aconselhamento dos estudantes e o ensino (misto ou em linha), demonstra a vontade de aceitar o papel normativo e a responsabilidade de investir no crescimento cognitivo e emocional dos estudantes. O instrutor adjunto foi utilizado em instituições públicas, sem fins lucrativos e privadas ao longo da década de 1990 e atualmente

(Kezar & Lester, 2009; Kezar, 2013; Marston & Brunetti, 2005; Rhode, 2014). Outra análise dos interesses que resultam na expansão da AFM nos campi pós-secundários inclui problemas com o modelo de ensino superior e o custo do corpo docente titular a tempo inteiro. Em primeiro lugar, desde a década de 1990, nos Estados Unidos, são evidentes as alterações demográficas no local de trabalho e nos campus universitários. O aprendente global (por exemplo, estudantes de minorias, estudantes estrangeiros, estudantes de primeira geração) representa uma diversidade sem precedentes no ensino superior em termos de necessidades cognitivas, sociais e emocionais. A investigação de Panda e Mishra (2007) sobre o eLearning e a nova mega universidade revela que existem novas atitudes, motivações e barreiras ao ensino e à aprendizagem nas faculdades e universidades modernas. Por exemplo, os colégios de artes liberais sem fins lucrativos ou privados da Califórnia, nomeadamente o Mills College, o St. Mary's e a Notre Dame de Namur University, proporcionam comunidades de aprendizagem em turmas pequenas e ensino em linha a aprendentes globais (hispânicos, primeira geração) e orgulham-se de melhorar os ganhos de aprendizagem dos estudantes (cognitivos) e as etiquetas sociais através do envolvimento entre professores e estudantes, com professores altamente formados, qualificados e empenhados (Garth-James, 2016). Os estudantes que frequentam as instituições pós-secundárias religiosas ou privadas sem fins lucrativos esperam uma estratégia clara e uma agenda académica baseada no boca-a-boca ou nas promoções das universidades; e estão menos conscientes do redesenho subliminar que está a ter lugar e que inclui o aumento da utilização de adjuntos em vez de professores titulares a tempo inteiro em ambientes de aprendizagem comunitários virtuais (Neely & Tucker, 2010). A separação das tarefas de trabalho do Modelo Tradicional de Docentes (MTF), que existe há muitos anos, ainda carece de uma visão e de um enquadramento claros para avaliar o desempenho relativo dos aprendentes globais, ou estudantes, e dos docentes adjuntos que estão envolvidos em CoI em ambientes de aprendizagem alternativos (mistos, virtuais). Em segundo lugar, os colégios e universidades privados (por exemplo, proprietários ou com fins lucrativos) estão a ultrapassar os colégios de artes liberais públicos e sem fins lucrativos que procuram expandir o AFM e os objectivos do eLearning. Sobre o aumento do modelo de professores adjuntos em instituições com fins lucrativos, o Senador Tom Harkin (Democrata-Indiana), investigador de longa data sobre o tema, afirma que os resultados indicam que o atrativo do ensino em linha é a conveniência. A abordagem de fast food para adquirir novas competências, ou a MacDonaldização do ensino superior, está repleta de problemas, nomeadamente a exploração de estudantes que apresentam falta de preparação para as faculdades/universidades. No entanto, será que a falta de preparação para o ensino superior é um problema apenas do ensino eletrónico virtual e das faculdades e universidades com fins lucrativos? Como é que o membro do corpo docente adjunto pode ser útil para gerir melhor o problema? A investigação neste ensaio tem em conta estas questões, embora a solução esteja relacionada com o papel da liderança académica e com a criação de relações de colaboração. Por exemplo, na literatura, vários autores expressam o seu descontentamento em relação ao modelo com fins lucrativos (Gapta, 1984; Hollis & Garth-James, 2017; Kezar, 2010; Logue, 2016) que explora os talentos do corpo docente, dá prioridade a matrículas maciças e a lucros associados ao sucesso dos estudantes, em vez de avaliar de forma sincera a preparação dos estudantes para a universidade; e baseia-se na aprendizagem assíncrona através do Blackboard e do Moodle para as interacções entre estudantes e professores. Embora a motivação lucrativa seja uma prioridade no AFM com fins lucrativos, a investigação indica que a aprendizagem nas salas de aula físicas e virtuais (em linha) está a acontecer, ou que a presença cognitiva e pedagógica é evidente e numa variedade de áreas académicas (Abrami, Lou, Borokhvski, Wade, Wozney Wallet, Fiset e Euang, 2004; Wang, 2008). No que diz respeito à utilidade do corpo docente adjunto no modelo de eLearning, a Educause (2014) e os académicos examinam a presença docente e a presença social no ensino em linha para verificar empiricamente o efeito da faculdade/universidade nos resultados educativos e as medidas-quadro pelas quais todas as instituições pós-secundárias devem ser avaliadas incluem, mas não se limitam a: desempenho académico do corpo docente, da escola (estudantes, professores), ambiente de aprendizagem da comunidade, fidelidade à missão e considerações sobre cursos justos e de alta qualidade e avaliações úteis dos resultados da aprendizagem pelos departamentos (reitores, directores de programas, presidentes) (Bosch, 2003; Garrison, Anderson & Archer, 2011). Este artigo de investigação centra-se na construção de relações de colaboração e no papel da liderança académica e na implementação do AFM. Por conseguinte, os princípios da CdI são obtidos na sala de aula e através do aconselhamento (do qual participam os adjuntos); no entanto, reconhecemos que o aconselhamento, os serviços de aconselhamento e o corpo docente não docente influenciam os resultados sociais e emocionais para ajudar a satisfazer os alunos globais.

O objetivo deste artigo é responder às seguintes questões O que é exatamente o Modelo do Corpo Docente Adjunto (MFA) como motor da reformulação pedagógica do modelo tradicional do corpo docente no ensino superior? Quais são as questões, os motivadores e as barreiras à implementação do MFA em ambientes de aprendizagem comunitários que assentam no eLearning? O que se pode aprender com a implementação do eLearning e do AFM nas instituições com fins lucrativos que reflectem os princípios da Comunidade de Inquérito? O artigo foi escrito para profissionais académicos e estudantes de educação, bem como para decisores políticos que manifestaram um amplo interesse pelo tema (por exemplo, mais de 6.5000 downloads em todo o mundo em 60 dias após a publicação do meu artigo que descreve o AFM em 2016). O artigo pode servir de agenda para um modelo de corpo docente tradicional (MFC) em dificuldades, que se tem apoiado em professores titulares a tempo inteiro com aversão à aprendizagem virtual. É certo que a revisão da literatura evidencia alguma utilidade das tecnologias educativas para apoiar a missão académica e os objectivos de ensino. Por exemplo, a análise do CdI sobre as oportunidades de ensino à distância está a destruir os mitos sobre o eLearning e a falta de envolvimento e aprendizagem dos estudantes; e os professores tradicionais que realizam estudos empíricos indicam a necessidade de desenvolver ferramentas de instrução multimédia interactivas para facilitar a aprendizagem em ambientes mistos e virtuais (em linha) (O'Neil & McMahon, 2005; Wang, et al, 2008).

Capítulo 2

Uma agenda para um sistema de ensino tradicional em dificuldades

Durante décadas, as instituições pós-secundárias seguiram um caminho familiar, proporcionando educação (cursos) e formação para ajudar os estudantes a atingir objectivos de aprendizagem. As ideias construtivistas de John Dewey (1938) trouxeram uma estratégia e uma agenda claras, baseadas nos princípios da comunidade de investigação, que transferem o controlo da aprendizagem do tempo de assento e dos estudantes para ganhos de aprendizagem interactivos, relevantes e mensuráveis. Swan e Ice (2010) examinaram as questões da CdI que surgiram nos estudos do Dr. Garrison e dos seus colegas, o que foi útil para compreender alguns problemas relacionados com o ensino do eLearning e o desempenho académico. As ideias de Dewey sobre o processo de aprendizagem pragmático e dinâmico eram sedutoras e, como a pedagogia do eLearning pós-Dewey, os académicos reconhecem o trabalho do estudante e o processo de aprendizagem e os debates sobre o que deveria ser exatamente nas faculdades e universidades modernas estavam "por trás" e eram "independentes do ensino à distância tradicional" (envio e devolução), popular entre os estudantes encarcerados, doentes e fechados. A pedagogia da aprendizagem assíncrona, que pressupõe que os alunos trabalharão em conjunto e participarão em fóruns de discussão no modelo de ensino à distância, era mais teórica do que prática efectiva, uma descoberta feita após a exploração do ambiente em linha. Os debates sobre o eLearning e as formas de tornar as comunidades virtuais dinâmicas e interessantes para os alunos demoraram algum tempo; e as escolas privadas pareciam estar à frente da curva do *que funciona*, concentrando-se em soluções que envolviam o princípio da presença do corpo docente do CdI. O apelo do eLearning nas escolas em linha com fins lucrativos resulta da macdonaldização do ensino superior, que oferece cursos através de horários académicos flexíveis e em linha, de modo a que as faculdades e universidades possam ultrapassar as barreiras comuns das salas de aula físicas, na sua maioria com professores titulares a tempo inteiro. O facto de as instituições públicas se esforçarem por garantir a conclusão do curso a tempo (quatro anos de licenciatura), sobrecarrega os estudantes com elevados custos de propinas, bem como com o incómodo de se deslocarem de e para um campus físico. Por exemplo, o Conselho Nacional de Estatísticas da Educação (NCES) indicou que, em 2008, as taxas de conclusão de seis anos para os estudantes que frequentavam o ensino superior pela primeira vez e que esperavam obter um diploma de quatro anos da instituição que os concedia até 2014 eram de 60%. Longe vão os tempos em que a conclusão do primeiro curso de licenciatura numa instituição que concedia um diploma de 4 anos era conseguida em 4 anos! De facto, as instituições privadas com fins lucrativos apresentavam uma taxa de licenciatura mais elevada para as mulheres (28%) contra 25% para os homens; e as taxas globais de conclusão em 3-4 anos eram mais elevadas para ambos os sexos nas instituições privadas do que nas públicas e sem fins lucrativos (65% contra 58%). Nos colégios e universidades com políticas de "admissão aberta", a taxa de conclusão do curso em seis anos das instituições públicas foi inferior à das instituições privadas, uma vez que 36% dos estudantes concluíram o bacharelato no prazo de seis anos; as taxas eram de 89% se os candidatos passassem por um processo de seleção em vez de uma prática "aberta". Além disso, o atrativo das instituições com fins lucrativos é a diversidade. A diversidade crescente representa a diversidade racial, étnica, cultural, linguística e religiosa nas instituições de ensino superior a nível nacional e mesmo mundial (Banks, 2004); e a procura crescente de diplomas universitários está a fazer com que se repensem as formas de apelar eficaz e economicamente aos estudantes globais e de utilizar o corpo docente. Durante cerca de 50 anos, a conceção das tarefas do corpo docente no ensino superior tem sido a de ensinar e aconselhar os estudantes, desenvolver actividades académicas e prestar serviços à comunidade. Outra revisão das ideias de Dewey sobre a aprendizagem como um processo dinâmico foi encontrada na investigação de Kezar, Maxley e Holcome (2002) sobre a desagregação das tarefas dos docentes. A desagregação é um termo associado às faculdades e universidades modernas que utilizam tecnologias educativas para a aprendizagem baseada no computador (Internet) e diminui os deveres tradicionais dos professores titulares a tempo inteiro (FTTF) que ensinam, aconselham e publicam investigação, bem como se envolvem em serviços comunitários de acordo com a missão académica e a visão da liderança. Os exemplos na revisão da literatura descrevem o Modelo Tradicional de Docentes (MTF) de docentes titulares a tempo inteiro com uma carga de ensino de (24 unidades por ano letivo), estabelecendo horas de expediente para reunir e aconselhar os estudantes em cursos para completar os requisitos do grau para a licenciatura; e, envolvendo-se em investigação académica para publicar em revistas académicas, apresentações de artigos em conferências e trabalho de subvenção. Os desafios consistem em manter o modelo de agregação institucional que assenta no FTTF e, se for caso disso, na renovação dos contratos até 10-15 anos. Após cerca de 50 anos de má gestão do FTTF, de diminuição do número de alunos matriculados em salas de aula físicas e de uma resposta lenta às questões da retenção da diversidade e da matrícula (por exemplo, inclusão de professores pertencentes a minorias, serviços de recuperação para ajudar os alunos pertencentes a minorias), o modelo de corpo docente titular a tempo inteiro (FTTFM), embora popular, não está a corresponder às expectativas de fazer com que os alunos modernos se sintam positivamente afectados pelos materiais didácticos; mesmo as dificuldades na utilização de ferramentas de ensino electrónicas não são generalizadas nas salas de aula tradicionais físicas. Com a orientação e o apoio dos profissionais do ensino superior e de estudos empíricos como o corpo de trabalho de Kezar e as ideias sobre o envolvimento dos estudantes numa universidade com fins lucrativos de Garth-James & Hollis, uma outra agenda para o sistema de ensino superior em dificuldades, centrada na implementação do Modelo de Docentes Adjuntos (MFA), nas relações de colaboração e no importante papel dos líderes departamentais, é a expetativa de tomar melhores decisões sobre o ensino e a aprendizagem dos estudantes utilizando adjuntos.

Capítulo 3

Afastando-se da TFM em direção à AFM

Garth-James & Hollis (2014) realizaram uma investigação sobre as formas como uma universidade com fins lucrativos pode encontrar maneiras de ligar os alunos globais utilizando o modelo eLearning e CoI. O artigo foi publicado pelo *American Journal of Educational Research* (Vol 2, No. 8), e recebeu milhares de downloads. O objetivo era aprender com dois directores de programas e professores sobre experiências práticas de trabalho com alunos globais ligados ao corpo docente através de computadores (ou Internet) e resultados. A investigação de Garth-James (2016) sobre a implementação do Adjunct Faculty Model (AFM) foi outra oportunidade para iluminar os factores que levaram à frustração entre os membros do AFM e os líderes de departamento, ou que foram motivadores e satisfatórios para o trabalho; essa publicação recebeu mais de 6500 downloads num período de 45 dias! O apelo do eLearning e da utilização de adjuntos é mais do que uma tendência, é antes uma solução pensada para instituições públicas e sem fins lucrativos em dificuldades que pretendem cumprir a missão e os objectivos visionários de atrair, matricular e formar estudantes num prazo "razoável"; por exemplo, de preferência em cerca de 4-5 anos. Desde o artigo de Shea, A Re-examination of the Community of Inquiry Framework: Social Network and Content Analysis, que utiliza grandes amostras e métodos quantitativos para explorar a CdI em geral e a presença do corpo docente (ensino), o conhecimento das inter-relações entre o ensino, os factores sociais e cognitivos num ambiente de aprendizagem e os resultados são intrigantes. Além disso, a utilização da Análise de Conteúdo por Shea e colegas, para analisar o discurso de professores e alunos em aulas de gestão e procurar padrões nas e entre as três áreas de CdI, publicando depois revelações sobre a natureza complexa e interdependente do ensino e da presença social e dos resultados cognitivos, foi inspiradora para a abordagem de método misto utilizada neste artigo (ver Secção Método). A investigação neste artigo revela uma relação complexa semelhante, baseada nas percepções do corpo docente sobre o envolvimento necessário entre docentes e estudantes e entre pares para obter ganhos na aprendizagem dos estudantes. Os exemplos da revisão da literatura que associam a liderança académica aos adjuntos dizem respeito às suas tarefas normativas (presença social e emocional) e formativas para o sucesso dos alunos na sala de aula, que se baseia em ferramentas assistidas por computador para uma experiência mista ou totalmente virtual. Por conseguinte, os interesses na implementação do AFM nas instituições pós-secundárias modernas incluem a exploração das relações entre adjuntos e líderes institucionais (por exemplo, reitores, presidentes de departamentos, pessoal que trabalha ao lado do corpo docente e com os estudantes) e de uma variedade de disciplinas académicas para recolher ideias sobre formas de redesenhar os programas académicos da faculdade com base nas tendências de inscrição, nas tecnologias educativas (aprendizagem móvel, em computadores portáteis e nas redes sociais) e nas necessidades institucionais académicas. Oblinger e Hawkins (2005) escrevem sobre os mitos de que o eLearning é uma má pedagogia de ensino em geral; Rennie & Morrison (2013) investigam as vantagens das redes sociais do eLearning; e Cobb (2009) apresenta uma visão da faculdade moderna que mostra otimismo para o ensino e a presença social em ambientes de aprendizagem em linha. Garth-James & Hollis (2017) escreveram sobre os benefícios da AFM com fins lucrativos em termos de dispensa do sistema de tenure track e de contratação/promoção do corpo docente com base em padrões formativos (avaliações de ensino dos estudantes e do presidente/diretor). Como tal, uma questão predominante dos profissionais do corpo docente é a de enfrentar o desafio de implementar modelos de ensino que abordem de facto a diversidade nos campus universitários e nas salas de aula, bem como formar a próxima geração de académicos e líderes que sejam produtivos no nosso campo do ensino superior. Afastar-se do modelo TFM não significa prescindir totalmente de algumas das suas características, como o corpo docente a tempo inteiro, mas sim adotar o modelo AFM e as suas características, que atrairão os aprendentes globais modernos e irão ao encontro dos millennials onde eles se encontram em termos de sofisticação tecnológica e utilização diária nos cursos. Por exemplo, a investigação de Kezar e Maxey (2015) examina formas de reforçar os programas académicos e preparar ativamente o corpo docente, redesenhando o agrupamento institucional ou alterando as funções e o trabalho do corpo docente. As discussões nos materiais bibliográficos incluem a utilização de termos como adjunto, docente não titular, para representar este novo estado de ser na profissão docente no ensino superior. O público-alvo são os educadores, os decisores políticos e os dirigentes académicos que pretendem agir depois de adquirirem conhecimentos sobre as melhores e piores reformulações do modelo institucional de docentes *agregados*. A importância crescente da utilização de adjuntos no modelo de corpo docente *não agrupado,* por razões económicas, políticas e culturais, está a afetar a nossa vida social e comunitária. A descoberta da investigação de Hollis & Garth-James (2014; 2016) é que são necessárias distinções conceptuais entre as funções e responsabilidades normativas e formativas do corpo docente tradicional e dos adjuntos nas instituições de ensino superior modernas. O acordo sobre a implementação de normas de ensino adjunto, a liderança relacional com os presidentes (directores) de departamento e a gestão do modelo institucional com fins lucrativos são fortes impulsionadores de normas e valores que estão a mudar e ameaçam a viabilidade do modelo de ensino superior do século XXI. **Este ensaio define o modelo do corpo docente, examina as múltiplas perspectivas do Modelo do Corpo Docente Adjunto (MFA)**

e dilemas, e fazer recomendações na esperança de que os líderes actuem e restaurem esse equilíbrio de unidade na profissão de docente e nas instituições de ensino superior modernas.

Capítulo 4

O problema

O problema é resolver um sistema de ensino superior em dificuldades através da utilização alargada de adjuntos no colégio e na universidade modernos, que dependem do eLearning e da presença social e emocional (cognitiva) do corpo docente. A liderança académica da maioria das faculdades e universidades a nível nacional, e talvez a nível mundial, enfrenta a necessidade de utilizar eficazmente o AFM para resolver problemas financeiros, a diminuição do número de alunos matriculados, o aumento dramático das cargas de ensino e os aspectos da macdonaldização da oferta de cursos. A oposição à expansão dos programas em linha baseia-se no receio de que os professores sejam resistentes à aprendizagem ou ao aperfeiçoamento de novas competências para facilitar eficazmente o envolvimento entre professores e alunos num ambiente maioritariamente assíncrono, caracterizado por fóruns de discussão e avaliações. Estudos empíricos indicam que os adjuntos são úteis para a instrução no ensino pós-secundário, o que não é novidade. A investigação de Kezar indicou que a força de trabalho em mudança no ensino superior é, em parte, o resultado da dependência da liderança académica em relação aos adjuntos, ou trabalhadores a tempo parcial, leitores, tutores e membros do corpo docente não titulares que, por acordo contratual, executam as tarefas normativas de ensino e aconselhamento dos estudantes; e, atualmente, numa sala de aula em linha. Além disso, o problema das tarefas formativas, através das quais os chefes de departamento (reitores, presidentes, directores) realizam avaliações do ensino e utilizam os resultados como feedback útil, não tem merecido atenção suficiente na revisão da literatura relacionada com aspectos das CdI (eficácia do ensino e resultados cognitivos). É possível aprender muito com as faculdades/universidades com fins lucrativos que implementaram a versão mais alargada do Adjunct Faculty Model (AFM). O desenvolvimento de relações de colaboração com os líderes dos departamentos ajudará a melhorar a satisfação no trabalho e a atingir os objectivos de aprendizagem social e académica; uma situação em que todos ganham no campus universitário. As instituições proprietárias, ou com fins lucrativos, que implementam a versão mais completa do AFM terão provavelmente sucesso se utilizarem um sistema não hierárquico (não titularizado) que envolva o corpo docente adjunto, uma vez que estas instituições funcionam como empresas -

ou seja, sem hierarquia e titularidade, remuneração horária ou remuneração baseada em critérios de sucesso dos estudantes. Além disso, há uma falta de diálogo e de compreensão do AFM e do que motiva os professores adjuntos em instituições com fins lucrativos a empenharem-se no seu papel de professores. Tal como afirma Garth-James (2016), os líderes académicos e os administradores têm de conhecer os factores de trabalho que são importantes para o corpo docente adjunto e procurar soluções para envolver e apoiar eficazmente os membros do corpo docente adjunto. Independentemente do modelo de ensino, a literatura revela que os membros do corpo docente adjunto não estão completamente satisfeitos com as suas nomeações adjuntas devido à falta de recursos para o desenvolvimento profissional e ao apoio mínimo dos administradores (reitores, presidentes, directores), o que agrava os problemas associados à diminuição da satisfação no trabalho. Porque é que o apoio a nível departamental é necessário? Para os docentes adjuntos recém-licenciados e sem experiência de ensino anterior, são necessárias formas de preparação eficaz para as instruções, tais como a utilização de ferramentas de gestão de cursos e de ensino, a criação de programas de estudo e a sensibilização para os estilos de aprendizagem dos alunos, a fim de satisfazer as expectativas do diretor/presidente do programa. Os resultados partilhados a partir deste estudo abordarão questões sobre o AFM que reconfigurou o modelo de ensino superior e a necessidade de melhorar as relações de colaboração que conduzem à satisfação profissional dos docentes adjuntos.

O objetivo do estudo é partilhar conhecimentos sobre a importância da liderança do presidente (diretor) que irá melhorar as relações com o corpo docente adjunto para afetar a satisfação no trabalho. A investigação sobre o modelo de professores adjuntos visa examinar o modelo privado com fins lucrativos em termos do tipo de estudantes servidos (minorias) e do efeito nas tarefas de ensino dos professores. A investigação do Professor Deming (2013) e dos seus colegas da Universidade de Harvard sobre os colégios com fins lucrativos, ou proprietários, revela um número desproporcionadamente mais elevado de matrículas de estudantes desfavorecidos e pertencentes a minorias que estavam "mal preparados" para o ensino superior. O objetivo deste estudo não é provar ou refutar a tese da demografia (etnia, estatuto de pobreza) tal como caracterizada nos estudos de investigação (Boynton, 2013; Smith, 2008) e nos meios de comunicação social. O objetivo deste estudo é considerar o papel da AFM na reformulação das instituições de ensino superior e as implicações para a liderança a nível departamental e o efeito na satisfação no trabalho e na aprendizagem dos estudantes. Ao investigar os atributos do MFA em instituições privadas com fins lucrativos em termos de liderança colaborativa e governação, talvez algumas ideias sejam transferíveis para os contextos das faculdades/universidades públicas e sem fins lucrativos. As perguntas de investigação do artigo orientaram a análise. Os professores adjuntos de instituições pós-secundárias proprietárias partilharam percepções sobre a importância de ter o apoio do chefe de departamento/diretor de programa; e ideias sobre governação e liderança colaborativas relacionadas com a eficácia do ensino e os resultados da aprendizagem dos estudantes.

As três questões que orientam a investigação:

1. Qual é a definição de corpo docente?

2. Quais são as questões e preocupações sentidas pelos dirigentes institucionais relativamente à reformulação da profissão de docente e à utilização do Modelo de Docente Adjunto (MFA)?

3. Quais são os desafios e os benefícios da implementação de uma nova conceção do corpo docente (modelo de desagregação do corpo docente) nas instituições modernas de ensino superior?

Capítulo 5

Revisão da literatura

Para que a profissão de docente permaneça em contacto, é necessário que a liderança académica e o corpo docente estabeleçam um controlo colaborativo, ou partilha, da governação, no que diz respeito a uma comunidade eficaz de ambientes de aprendizagem que utilizem o sistema de gestão da aprendizagem eLearning para alcançar os ganhos esperados em termos de aprendizagem dos estudantes e os objectivos de graduação. Um profissional de ensino titular a tempo inteiro a trabalhar numa instituição universitária é um membro da profissão de docente. O Conselho Nacional de Estatísticas da Educação define como *docente* um membro do corpo docente contratado a tempo inteiro numa posição de titular e que lecciona numa instituição académica, ou comunidade, e numa disciplina (departamento, faculdade). Cerca de 70% do corpo docente dos campi actuais pertence à categoria de professores titulares (NCES, 2015). As expectativas dos professores titulares a tempo inteiro (FTTF) são o ensino, a formação académica e o serviço (Kezar & Maxey, 2015; Paulson, 2002). O professor Kezar, da Universidade do Sul da Califórnia (USC), escreveu sobre o corpo docente não titular a tempo inteiro (FTNTF) como profissionais contratados para satisfazer as necessidades dos objectivos institucionais de rentabilidade. A situação do corpo docente institucional tradicional não estava a corresponder às expectativas em relação ao crescimento dos programas e ao tamanho das turmas. A insuficiência de pessoal docente impede que se atinjam os objectivos institucionais, tais como proporcionar rácios adequados de professores/alunos e turmas para a conclusão de cursos dentro do prazo. Considerando que a utilização de professores a tempo inteiro no meio académico caiu 25%, a contratação de professores adjuntos tem de aumentar para satisfazer a procura de ensino nos campus das faculdades e universidades; segundo um investigador, a nossa área registou um aumento exponencial nos últimos 30 anos (Mangness, 2016). Assim, nas décadas de 1990 e 2000, assistiu-se a uma extensão da profissão de docente com recurso a instrutores a tempo parcial, ou adjuntos. Académicos como Logue (2016), Panda e Mishra (2007) e Schulte (2010) discutem a riqueza do ambiente de aprendizagem da comunidade através da utilização de adjuntos para ensinar e reconhecem as suas limitações, que estão escritas num acordo contratual. O contrato especifica o tipo de nomeação, as funções e as responsabilidades do membro do corpo docente adjunto, tais como professor a tempo inteiro não titularizado, professor principal a tempo parcial ou professor temporário. Na investigação para este artigo, surgiu um objetivo importante dos líderes académicos relacionado com a governação institucional, que é abordado no tópico da sindicalização e considerado um importante fator de satisfação profissional relacionado com os benefícios e o tipo de nomeação.

Capítulo 6

Definição de Adjunto

Na revisão da literatura, a definição de adjuntos é prolífica e a aplicação do termo não variou muito; por exemplo, um conferencista ou membro do corpo docente a tempo parcial (ou adjunto) tinha este título do Fair Labor Standards Act (FLSA) - trabalhar menos do que a tempo inteiro. O tempo foi a variável determinante na definição dos profissionais do ensino a tempo parcial. O termo *adjunto* refere-se a um professor contratado para lecionar de forma intermitente, ou para preencher e cumprir objectivos de governação institucional, incluindo tarefas como o aconselhamento e a orientação dos estudantes, que são uma responsabilidade normativa do investimento no crescimento emocional dos estudantes. Além disso, os professores a tempo inteiro podem ser considerados adjuntos porque não têm acesso à titularidade ou aos benefícios permanentes associados aos professores titulares a tempo inteiro. É interessante notar que os adjuntos a tempo inteiro desempenhavam tarefas como o aconselhamento e o ensino em horários, cursos e localizações geográficas menos desejáveis, uma vez que se destinavam a complementar a carga de trabalho dos professores titulares permanentes. A investigação de Lindholm sobre o ambiente de trabalho (campus) e a satisfação dos docentes numa instituição pública, o sistema da Universidade da Califórnia, revela a existência de um nível de conforto e de um sentimento de respeito independentemente do tipo de nomeação (docentes a tempo parcial/integral). Em contrapartida, Boynton (2015) argumenta por que razão a contratação de adjuntos é "errada" e considera a tensão no ambiente de ensino em que os docentes realizam as mesmas tarefas normativas - ensinar e aconselhar -, mas com uma remuneração desigual (por exemplo, os adjuntos recebem menos). No modelo tradicional do corpo docente, o adjunto aceita a nomeação como trabalhador a tempo parcial, contingente ou assalariado, o que implica uma reformulação razoável da profissão de docente tradicional e cria a classificação conhecida como adjunto. O artigo de investigação de Garth-James (2016) sobre o tema da implementação do modelo adjunto

O modelo ideal de corpo docente (AFM) nas faculdades e universidades indica que os profissionais académicos e os dirigentes institucionais (presidentes de departamentos, reitores, provedores) apoiam a reformulação ou a separação do trabalho e das funções do corpo docente. O processo de descoberta do modelo ideal de corpo docente resulta nos ideais dominantes dos líderes académicos de confiar no adjunto, amplamente utilizado.

O termo AFM é definido em várias revistas académicas, publicações e relatórios dos meios de comunicação social como:

1. Docentes a tempo inteiro (UFF) não titulares (ou não titulares) contratados para lecionar em contextos flexíveis - na ausência (férias, licença sabática, outros) de docentes titulares a tempo inteiro, ou sobrecarga de cursos (mais cursos do que os docentes titulares); deste modo, cumprem os objectivos de rentabilidade da faculdade/universidade. Os termos encontrados na literatura incluem trabalhadores contingentes (AAUP, 2016; Garth-James, 2016; Umbach, 2008). O trabalho da UFF baseia-se num contrato anual que define o trabalho e as responsabilidades ao longo de um período académico de nove meses, 12 meses ou 36 meses. Estes docentes são adjuntos, ou contratados a tempo parcial, e, em algumas instituições, têm o título de conferencista e leccionam sem funções de aconselhamento.

O corpo docente adjunto é um professor e é contratado pela universidade consoante as necessidades. Os decisores, ou líderes académicos (reitores, presidentes/directores) estão dispostos a agir para ajudar a reduzir os rácios de ensino entre professores e alunos, contratando adjuntos. Além disso, os adjuntos dispostos a trabalhar para dar à faculdade ou universidade uma vantagem em termos de pessoal que beneficie os estudantes reconheceram que as tarefas dos adjuntos têm privilégios esmagadores, garantindo um salário mais baixo e a falta de benefícios (licença sabática paga). A literatura afirma que os salários e benefícios dos professores adjuntos não se aproximam dos dos seus homólogos a tempo inteiro e que, devido à falta de apoio geral, os professores adjuntos experimentam alguns sentimentos de isolamento que podem ter um impacto nos currículos na sala de aula. De facto, a investigação qualitativa do próprio autor e as discussões com membros do corpo docente adjunto indicam que existem sentimentos de isolamento. Por exemplo, estes docentes são considerados como *"freeway fliers"*, trabalhando muitas vezes em várias instituições académicas que se situam a distâncias de casa e não podem participar em reuniões regulares do corpo docente do departamento para obter informações sobre políticas de ensino e melhores práticas. Comparativamente, o AFM e o TFM (por exemplo, professores titulares a tempo inteiro) são outra forma de identificar os adjuntos e as questões, motivações e barreiras.

Kezar (2015, 2016) chamou a atenção para a hierarquia e as condições de trabalho que diferenciam os papéis dos docentes a tempo inteiro e dos docentes a tempo parcial. Os exemplos incluem a contratação de docentes FTT num sistema de classificação com uma política e uma prática normalizadas de possibilidades de promoção, salários e benefícios mais elevados e apoio a actividades de bolsas de estudo e até mesmo espaço de escritório. Em contrapartida, os docentes a tempo parcial ou contingentes, dependendo da faculdade, tendem a não ter um gabinete (ou a partilhá-lo com muitos outros), benefícios (raros) e nenhuma mobilidade ascendente, uma vez que são contratados numa base de acordo com as necessidades do contrato. Na literatura, a perceção do papel normativo dos adjuntos indica que a utilização do AFM tem um impacto negativo na instrução e no currículo. Alguns dirigentes académicos, funcionários e membros do corpo docente argumentam que os professores adjuntos tendem a ser menos qualificados, sem o grau terminal (ou doutoramento) e sem experiência de ensino adequada às modernas tecnologias educativas. Os autores que investigam o tema do corpo docente adjunto tendem a utilizar métodos que identificam o tipo de nomeação ou a categoria do corpo docente como factores correlacionados com o ensino eficaz e o desenvolvimento curricular (Kezar, 2016; Sanford & McClasin, 2004; Smerck & Peterson, 2007). Baldwin e Chronister (2001) também salientam que tornar-se um professor adjunto é um papel valorizado e que aqueles que estão a trabalhar na sua área podem produzir melhores cenários de aprendizagem do que os académicos a tempo inteiro (Goldstene, 2015). No entanto, a distribuição desigual da classificação e da titularidade e dos seus benefícios pode causar stress no adjunto e criar desagrado no trabalho. A investigação sobre a satisfação profissional entre adjuntos e titulares a tempo inteiro que possuem um grau de doutoramento é um exemplo poderoso da forma como a liderança académica sobre a política de ensino pode criar tensões na comunidade do ensino superior entre os docentes (Garth-James, 2016).

Capítulo 7

Definição de adjunto no ensino superior com fins lucrativos

O uso crescente de professores adjuntos no ensino proprietário tem sido uma preocupação para as universidades e faculdades tradicionais e para os professores que ensinam no domínio tradicional, bem como para os profissionais da indústria. As conclusões de Garth-James (2016) na revisão da literatura foram sobre os termos agrupamento/desagregação das tarefas do corpo docente tradicional, tal como indicado nos escritos de Kezar (2015), Neely e Tucker (2010) e Paulson (2002), relativamente à desagregação institucional que está a ter lugar nas faculdades e universidades exclusivas. Em primeiro lugar, é provável que o adjunto no colégio com fins lucrativos desempenhe um papel de professor e que as classificações sejam abandonadas em prol da eficiência em termos de custos. A tónica é colocada nas competências tecnológicas e na transmissão do ensino e do currículo à distância, utilizando ferramentas electrónicas e sistemas de gestão da aprendizagem (LMS) como o Black Board e o Moodle. Estas modalidades ajudam o profissional de ensino adjunto a gerir a lista de alunos, a assiduidade dos estudantes, as notas, os exames e os debates, que são fundamentais para o ensino em linha. Os docentes virtuais podem ser contratados a tempo parcial, numa base contratual e consoante as necessidades; ou a tempo inteiro, sem contrato (não titular). Em ambos os casos, o sistema de classificação é inexistente. O Modelo de Linha de Montagem Virtual (VALM) é diferenciado para incluir o adjunto a tempo parcial, o tempo inteiro sem titularidade, por vezes chamado adjunto, e a carga de trabalho e as funções são determinadas pela especialização e experiência de ensino, bem como pelas competências em tecnologia eletrónica. Por exemplo, este autor leccionou para instituições com fins lucrativos num modelo totalmente virtual, utilizando o Black Board, o ECollege e o Canvas, bem como orientando e tutelando os estudantes. Não eram necessárias bolsas de estudo, serviço comunitário e nem mesmo aconselhamento. Por conseguinte, o modelo desagregado inclui o ensino e não o aconselhamento, que é feito por outro departamento ou pelo chefe do departamento académico (presidente, diretor). A utilização do modelo de professores adjuntos (AFM) tem sido perpetuada pelas reduções orçamentais, pela falta de benefícios proporcionados aos professores, como a titularidade, e pela incapacidade de acompanhar o ritmo das inscrições dos estudantes e as tendências do mercado. A principal causa da prevalência do AFM é o aumento das instituições de ensino com fins lucrativos (Mangness, 2016) e o ensino eletrónico ou à distância (e-Learning) (Moore, Dickerson-Deane, & Gaylen, 2015). As instituições de ensino superior com fins lucrativos utilizam mais professores adjuntos do que as universidades tradicionais. De facto, entre o corpo docente das instituições com fins lucrativos, mais de 90% são membros do corpo docente adjunto (Mangness 2016; National Center for Educational Statistics, 2016). Existem numerosos professores adjuntos que leccionam em várias disciplinas nas instituições com fins lucrativos, mas o AFM utilizado pela maioria das instituições com fins lucrativos, tal como descrito acima, deu origem a vários problemas.

Capítulo 8

Teoria e insatisfação profissional na AFM

As ideias de Dewey (1938) sobre a aprendizagem como um processo dinâmico e pragmático foram integradas nos debates actuais sobre o que funciona nos ambientes de aprendizagem da comunidade colaborativa eLearning. Do mesmo modo, as ideias de motivadores e barreiras profissionais estão associadas à presença pedagógica, social e cognitiva da CdI. Por exemplo, Swan e Ice (2009) escrevem que, em 7 artigos extensos, Garrison, et. al, referiram que a estrutura da Comunidade de Inquérito continua a ser útil e a "abrir novos caminhos na investigação sobre aprendizagem em linha e mista" (p. 2). Da mesma forma, o cientista comportamental Frederick Herzberg (1959-2000) é conhecido pela teoria dos dois factores da satisfação no trabalho, que ajuda a explorar as dimensões pedagógicas e sociais do ambiente da sala de aula, a interatividade entre professores e alunos e a aprendizagem afectiva. Por exemplo, falar com adjuntos em instituições públicas e com fins lucrativos revela que a interação com os alunos é um forte fator de motivação face à falta de recursos financeiros para materiais didácticos, à baixa remuneração e à falta das melhores tarefas de ensino. Os factores de higiene são os que podem influenciar experiências satisfatórias no campus académico, tais como salários razoáveis e promoções. Estes factores envolvem a elaboração de políticas e práticas de liderança académica, descrevendo o ambiente adjunto contextual que é necessário para alcançar a inclusão estrutural de todos os docentes. Sabe-se que os factores motivacionais, como o trabalho em si, o reconhecimento do trabalho e o potencial de promoção, afectam a satisfação profissional. Por exemplo, as conclusões de Moxley (1977) sobre a Teoria de Herzberg revelam o efeito das percepções do corpo docente sobre o seu desempenho se as políticas e práticas dos dirigentes académicos criarem um ambiente em que o adjunto receba feedback sobre o seu desempenho (reconhecimento), orientação para a melhoria das funções normativas (ensino e orientação, ou aconselhamento); e se lhe forem consistentemente oferecidas tarefas de ensino na sua disciplina (área de licenciatura) e oportunidade de crescimento e remuneração mais elevada. Na investigação de Garth-James (2015), as relações com os presidentes/directores de departamento são um fator de higiene que tem um impacto desproporcionadamente positivo no desempenho do corpo docente com os estudantes e na satisfação no trabalho. Martson e Brunnetti (2005) examinam a satisfação profissional dos professores de faculdades de artes liberais e os resultados indicam uma aprendizagem dos estudantes. A satisfação no trabalho associada a factores administrativos, nomeadamente o papel dos presidentes de departamento (directores), é significativa nas instituições privadas e sem fins lucrativos (artes liberais) por um par de razões. Em primeiro lugar, na literatura, a ênfase na dimensão reduzida das turmas e na aprendizagem dos estudantes é considerada útil para os estudantes hispânicos e de primeira geração que optaram por frequentar faculdades privadas de artes liberais ou instituições virtuais com fins lucrativos. Nestas últimas, ao contrário das primeiras, o nível de competências dos adjuntos é elevado - utilizam tecnologias electrónicas para facilitar a participação dos estudantes e dos professores e dos pares. No entanto, o rácio docente-discente é elevado no modelo com fins lucrativos e sabe-se que os adjuntos sofrem de sobrecarga de ensino e de exaustão. A pequena dimensão das faculdades de artes liberais é mantida, mas à custa de um corpo docente qualificado. Entre os exemplos de factores demográficos e de ligações à prossecução da reformulação da profissão de docente contam-se o recente declínio do número de matrículas e as pressões económicas em Sweet Briar (VA) e no Mills College (CA). O diretor do Centro para a Reforma do Ensino Superior do American Enterprise Institute concluiu que se trata de uma batalha difícil para os pequenos colégios privados sem fins lucrativos que dependem das propinas sem mão de obra qualificada (New York Post, 2015). O segundo fator que é relevante para a satisfação do corpo docente adjunto na profissão docente é a governação partilhada. O corpo docente titular a tempo inteiro exige a participação na tomada de decisões sobre a direção, as operações e a gestão institucionais. Se o ambiente for maioritariamente adjunto (tempo inteiro/tempo parcial), então este benefício é minimizado pela liderança. De facto, a Universidade Notre Dame de Namur (NDNU, CA), o St. Mary's College (CA) e as faculdades sem fins lucrativos que lutam pela governação partilhada argumentam que o feedback e a votação sobre questões relacionadas com o tamanho das turmas (rácio professor/aluno), os estudos e o trabalho são a pedra angular da profissão de docente, que está em risco (ou perdida) no processo de reformulação ou de desagregação institucional (Garth-James, 2016). A teoria de Herzberg ajuda os líderes académicos na distinção concetual entre a atribuição de professores com base na economia e não na competência e na inclusão. Os adjuntos que respondem aos estudantes e valorizam o ambiente da faculdade e da universidade tendem a ter uma forte identidade no campus como um corpo docente de confiança e são vistos pelos estudantes e colegas como proporcionando uma experiência universitária completa.

Capítulo 9

Satisfação e liderança relacional

As ideias de liderança relacional fizeram parte da análise relativa à teoria da satisfação que revela os factores de insatisfação - políticas pouco claras do corpo docente relativamente à participação em reuniões e formação, bem como horários de ensino problemáticos e falta de recursos. A satisfação no trabalho ligada a factores administrativos, especificamente a nível departamental, é significativa nas faculdades e universidades privadas pós-secundárias por várias razões (Martson & Brunetti, 2005). Por exemplo, nos colégios privados sem fins lucrativos, a ênfase em ambientes de aprendizagem para estudantes de pequena dimensão tem implicações favoráveis para os adjuntos. Normalmente, as faculdades de artes liberais privadas sem fins lucrativos, por exemplo, discutem a ajuda à aprendizagem dos estudantes e as interacções sociais através de turmas pequenas, com menos de 20 alunos; e o envolvimento entre professores e estudantes através de professores altamente formados, credenciados e empenhados. A literatura sobre as faculdades e universidades privadas com fins lucrativos indica um conjunto diferente de métricas de desempenho, tais como ofertas de cursos orientadas para o mercado e professores com formação recente no sector, certificados e, em alguns casos, credenciais (DEAC, 2016). Nos relatórios dos meios de comunicação social, os problemas financeiros são a principal razão para o declínio da maioria das faculdades e universidades de artes liberais sem fins lucrativos: "As pequenas instituições privadas sem fins lucrativos, dependentes de propinas, enfrentam uma batalha difícil em muitos locais", disse Andrew P. Kelly, diretor do Centro de Reforma do Ensino Superior do American Enterprise Institute" (NY Post, 2015). Em contraste, a atenção dos meios de comunicação social para as instituições proprietárias, como a DeVry e a Universidade de Phoenix, indica que as operações são linhas de montagem virtuais (Smith, 2008); eficiência de custos através de baixos salários do corpo docente e rácios incontroláveis de professor para professor (por vezes de 1:100) (Rampell, 2014). As práticas pouco éticas do Grupo Apollo (empresa-mãe da Universidade de Phoenix) foram escrutinadas pelo Departamento de Educação dos EUA, resultando na retirada da ajuda federal aos estudantes. O Departamento de Educação dos EUA, ao pôr termo à autoridade de um "acreditador controverso", o Accrediting Council for Independent Colleges and Schools, resulta numa perda de quase 5 mil milhões de dólares em despesas federais de ajuda a estudantes num ano, bem como na "ameaça de acesso" a fundos federais para cerca de 245 faculdades e universidades (a maioria com fins lucrativos) (Fain, 2016, p. 1). O nosso interesse em usar as ideias de Herzberg foi como uma lente para as questões proprietárias do campus que estão associadas à satisfação no trabalho. A teoria da satisfação é um raciocínio que liga as relações do corpo docente com a liderança (presidentes/directores) e o efeito na satisfação no trabalho; por exemplo, evitar a interação com adjuntos durante. No que diz respeito à satisfação no trabalho e às relações dos directores de departamento com os adjuntos em instituições proprietárias, a questão não foi suficientemente investigada. Os nossos resultados confirmam que, na perceção dos professores adjuntos, a liderança relacional e a governação colaborativa são importantes para a satisfação no trabalho. As estratégias pragmáticas para criar um ambiente de ensino e aprendizagem saudável no campus (e em linha) requerem verdadeiramente a resolução de problemas em colaboração entre os adjuntos e os líderes académicos que se dedicam a *partilhar a governação* e a liderança relacional. Além disso, o que afecta a satisfação profissional é manter os alunos satisfeitos.

Capítulo 10

Desafios da implementação do AFM

A utilização de adjuntos para o ensino em instituições pós-secundárias não é novidade e a investigação da Kezar indica que a evolução da mão de obra no ensino superior é um fator que deve ser abordado. Os professores a tempo parcial, os trabalhadores contingentes ou os adjuntos são tutores e instrutores que trabalham com estudantes, colegas professores e dirigentes académicos. Os desafios da implementação incluem a avaliação do conjunto de competências do corpo docente para garantir a competência no trabalho com tecnologias educativas para o ensino em linha (ou à distância) e uma instrução que satisfaça as necessidades de aprendizagem dos estudantes da primeira geração (latinos). Nas instituições públicas e privadas, as alterações demográficas nos campus universitários físicos e virtuais são uma questão a ter em conta ao contratar adjuntos e ao exigir que estes profissionais resolvam problemas e assegurem ganhos de aprendizagem e o crescimento emocional dos estudantes. É claro que a literatura menciona uma variedade de formas de utilizar os adjuntos e de satisfazer as expectativas da direção do departamento no que diz respeito às funções e responsabilidades normativas relacionadas com a aprendizagem dos alunos, tais como aconselhar os alunos, escrever cursos e envolver os adjuntos nas funções tradicionais ou essenciais do corpo docente. No entanto, estas novas funções e deveres dos adjuntos, que eram desempenhados pelos professores tradicionais titulares a tempo inteiro, implicam salários e benefícios desiguais e uma diminuição da satisfação profissional (Marston & Brunetti, 2005; Moxley, 1997). A implementação do Modelo do Corpo Docente Adjunto (MFA) é uma oportunidade para considerar o acordo dos líderes da administração e trabalhar com todos os docentes na reformulação para se alinharem com as instituições modernas que reflectem a utilização adequada das tecnologias educativas (modalidades de e-Learning), a diminuição do corpo docente titular a tempo inteiro de acordo com as prioridades dos estudantes e dos docentes, bem como as políticas e práticas de inclusão nos campi universitários. Na literatura, a expansão do quadro do AFM teve lugar em campi universitários, quer públicos sem fins lucrativos, quer privados, nos quais os adjuntos têm vindo a aceitar cada vez mais as funções e responsabilidades normativas de ensino (por vezes de aconselhamento) e de orientação/tutoria dos estudantes (American Council on Education, n.d.; AAUP, 2016; Gapta, 1984; Kezar, 2002). Como tal, os membros da AFM têm pouca segurança no emprego e, normalmente, não têm benefícios para além da compensação pelo(s) curso(s) leccionado(s). A Associação Americana de Professores Universitários vê um lugar para a utilização de professores adjuntos, no entanto, a Associação confirma que a sua utilização atual se está a tornar um problema; são utilizados demasiados em vez de professores titulares a tempo inteiro e os dirigentes têm de os reduzir para níveis mais aceitáveis (201X). Alguns dirigentes académicos consideram que os adjuntos não merecem a titularidade se não tiverem o doutoramento, se não tiverem publicações ou se não cumprirem as normas departamentais em matéria de ensino e de envolvimento dos estudantes.

E quanto à atitude e ao empenhamento dos membros do MFA em comparação com os docentes tradicionais? A revisão da literatura não indica qualquer diferença em termos de atitude e empenhamento entre os membros do AFM e os do corpo docente tradicional (Fairweather, 2002). A gestão do tempo dos docentes envolvidos no desenvolvimento curricular, no pré-planeamento da instrução, na participação em reuniões e formações, na prestação de serviços e, talvez, na publicação, são considerados papéis e responsabilidades essenciais no ensino superior. As tarefas acima mencionadas são incluídas como padrão de prática para avaliar o corpo docente; é certo que, sem a segurança da titularidade, os adjuntos que não cumpram as tarefas associadas aos objectivos normativos podem ser confrontados com a não renovação dos contratos. Relativamente aos adjuntos, a investigação de Moore, Dickerson e Galyen (2010) sobre modelos de ensino à distância e implicações para os membros da AFM revelou falta de competências e capacidades com

As tecnologias electrónicas para ministrar o ensino conduzirão à miséria e à baixa satisfação profissional. O Departamento de Educação dos EUA, os acreditadores e alguns académicos encararam a AFM nas instituições com fins lucrativos de forma hipercrítica; frequentar a faculdade/universidade era um castigo pela não admissão numa instituição dita respeitável (Deming, Goldin & Katz, 2013; NACAC, 2016; Taddino, 2016).

Capítulo 11

Competências tecnológicas do corpo docente

Uma das razões para a utilização alargada dos membros da AFM é que estes tendem a ter as competências tecnológicas necessárias para ensinar no ambiente de ensino virtual ou misto (parcialmente em sala de aula e em linha). Uma análise da literatura sobre o corpo docente adjunto nas faculdades públicas e sem fins lucrativos indica que os membros do FTT não têm competências para administrar novas tecnologias de ensino, incluindo currículos que exigem interatividade em linha (Panda & Mishra, 200; Schultz, 2010). Os críticos dos modelos tradicionais de titularização nas faculdades e universidades públicas e sem fins lucrativos argumentam que a distribuição de poder entre os docentes é um jogo de soma zero, em que os docentes tradicionais (professores titulares a tempo inteiro ou FTTT) ganham, os membros do corpo docente adjunto (AF) perdem com a inconsistência da carga de trabalho (as ofertas de aulas são esporádicas) e salários mais baixos pela prestação dos mesmos serviços de ensino. A questão da igualdade de remuneração e de benefícios não pecuniários (reforma, licença sabática) para os docentes não titulares (a tempo inteiro/parcial) em instituições públicas, sem fins lucrativos e privadas é razoável. Os pressupostos não são que a AFM seja má e que os professores não qualificados que não possuem o grau terminal (doutoramento) não sejam qualificados, mas sim que a questão é a igualdade de remuneração e de benefícios para os adjuntos (AAUP, 2016; Garth-James, 2016). Através da governação colaborativa e da liderança ao nível dos departamentos, alguns dos factores de insatisfação no trabalho são abordados e têm oportunidade de ser eliminados.

Capítulo 12

Aprendizagem dos alunos

Em *Adapting by Design* (2016), os autores constatam que os decisores políticos e os dirigentes académicos estão a refletir sobre a composição dos campus universitários, em que mais de 50% dos professores são adjuntos (a tempo parcial). Esta composição de contratação de mais professores adjuntos reflecte uma consciência académica das exigências com que se confrontam as instituições de ensino superior do século XXI, tais como os custos elevados, a evolução demográfica dos estudantes de primeira geração e dos estudantes de segunda língua, bem como a procura de serviços de recuperação e de cursos de ensino à distância (em linha). Os académicos, professores e estudantes de colégios e universidades públicas e sem fins lucrativos estão a participar num diálogo contínuo sobre as relações professor-aluno e o seu impacto nos resultados dos estudantes (CHEA, 2014; Panda & Mishra, 2007; Schultz, 2010). O diálogo sobre a utilização eficaz e eficiente dos professores adjuntos nas instituições de ensino superior pode negligenciar a contribuição dos professores adjuntos com fins lucrativos que ensinam em faculdades e universidades virtuais e tradicionais. Além disso, os adjuntos enfrentam oportunidades improváveis de promoção se os objectivos de aprendizagem dos estudantes não forem atingidos. Por exemplo, a retenção e a matrícula dos estudantes estão por vezes associadas ao corpo docente adjunto. Na revisão da literatura, não é claro que os professores adjuntos, em comparação com os professores titulares, tenham diferenças de atitude significativas relativamente ao cumprimento das funções e responsabilidades que foram classificadas como normativas e conducentes à aprendizagem dos alunos e formativas, resultando em auto-aperfeiçoamento (Fairweather, 2002; Umbach, 2008). Na AFM, é essencial ter "clareza de expectativas" relativamente à preparação dos adjuntos e às medidas de resultados para a aprendizagem dos estudantes, que não são necessariamente responsabilidades que não são abordadas no contrato (ACHE, n.d.; AFT, 2002; Kezar, 2014; Martson & Brunetti, 2005). Os autores também referem que os líderes ao nível do departamento (presidentes e directores) que executarão as tarefas *formativas* de completar consistentemente as observações do corpo docente e impor normas e expectativas, estão ligados ao envolvimento dos estudantes e ao papel e responsabilidades do corpo docente adjunto. A satisfação dos estudantes é proeminente na vida dos professores adjuntos, bem conscientes de que a sua existência e a renovação do seu contrato se baseiam nas avaliações dos estudantes. A investigação de Garth-James e Hollis (2014) sobre a utilização eficaz das tecnologias educativas é conclusiva quanto ao facto de os professores adjuntos de estabelecimentos de ensino superior com fins lucrativos serem altamente qualificados para implementar modelos de aprendizagem eletrónica apelativos para os estudantes universitários modernos. A literatura de investigação cita, entre as razões dos estudantes para quererem frequentar colégios privados com fins lucrativos, o ensino à distância e a disponibilidade de aulas. Além disso, o marketing é uma influência fundamental para aumentar o número de matrículas nos campi tradicionais para os campi de ensino virtual (à distância). Os resultados mensuráveis da utilização de adjuntos no ensino superior já foram objeto de investigação empírica. Embora não se enquadre no âmbito deste estudo, vale a pena mencionar que o ensino à distância afecta a instrução e que é necessário proceder a ajustamentos na oferta de instrução e no currículo para que o envolvimento dos docentes e dos estudantes e a aprendizagem dos estudantes sejam eficazes. Como o recrutamento de adjuntos com competências tecnológicas é uma prioridade e está em curso nas instituições pós-secundárias, também deve ser considerada a possibilidade de combinar competências e conhecimentos sobre os resultados da aprendizagem dos estudantes, a retenção e a matrícula (Garth-James, 2015; Hollis & Garth-James, 2014).

Capítulo 13

Liderança académica e relações

Neste artigo, o autor constata a importância crescente da fertilização cruzada entre os presidentes de faculdade (directores) e os membros da AFM, o que reflecte o princípio da liderança relacional. Ao investigar esta área com um colega, descobrimos que os líderes de departamento e os adjuntos na governação colaborativa na instituição de ensino superior com fins lucrativos têm sido alvo de críticas (Hollis & Garth-James, 2016). No entanto, o facto de os professores adjuntos contribuírem para o processo departamental, como a vida social no campus, a política das tarefas de ensino e as questões predominantes do dia (decisões estruturais sobre as modalidades de aprendizagem dos alunos, as atribuições de notas e as medidas de resultados), é significativo e influencia as percepções do papel e das responsabilidades no trabalho. Além disso, existem oportunidades para se tornar um solucionador de problemas e não o problema. Por exemplo, num inquérito qualitativo aleatório a professores adjuntos com fins lucrativos, 58% concordaram que as relações entre o corpo docente e o presidente/diretor do departamento têm uma "grande influência" na satisfação de trabalhar na faculdade ou universidade (Hollis & Garth-James, 2016). Como tal, o diálogo entre o corpo docente e os líderes a nível departamental deve incluir formas de construir relações mais fortes que possam melhorar a satisfação no trabalho. A liderança em instituições de artes liberais públicas e sem fins lucrativos considera que os materiais de investigação sobre governação e liderança colaborativas são valiosos para descrever vários sistemas e concepções do corpo docente através dos quais todos os docentes podem trabalhar em conjunto. Para além disso, a perceção de que a contratação de adjuntos é "errada" (Boynton, 2015), independentemente do tipo de instituição, quer se trate de faculdades públicas, sem fins lucrativos ou privadas (proprietárias), relatou que os administradores e os colegas de faculdade debateram exaustivamente o facto de a contratação de adjuntos ser um problema, com "consequências não intencionais" ineficientes (Jaeger & Ethan, 2009; Smith, 2008) e efeitos adversos no desempenho dos estudantes (Kezar, 2010). Na literatura, a identificação da forma como os administradores e os docentes definem a AFM e gerem os constrangimentos a nível departamental foi necessária para compreender as intenções dos reitores, presidentes (directores). Por exemplo, os líderes académicos, pressionados pelos presidentes dos departamentos para apoiarem os objectivos dos programas e satisfazerem as necessidades dos estudantes, recorreram a adjuntos. Os debates sobre o papel do corpo docente e a ligação aos resultados dos estudantes foram referidos como objectivos normativos; de facto, os membros do AFM estão envolvidos. A implementação do AFM exige a colaboração dos líderes académicos a nível do departamento e da faculdade e a aprovação de outras comissões (senado do corpo docente ou líderes de alto nível no gabinete do presidente). Os autores debatem frequentemente a implementação e as ligações com a satisfação profissional dos docentes (Gapta. 1984; AFT, 2002; Kezar & Maxey, 2013; Lindholm, 2004; Marston & Brunetti, 2005; NCTE Guidelines, 1997; TESOL, 2006). A liderança a nível departamental por parte dos directores ou presidentes de programas requer a inspiração dos adjuntos e o reforço das relações interpessoais. A nossa investigação, baseada em anedotas e respostas formais ao inquérito de investigação, revela que a inspiração é um fator motivacional que está implicado como uma boa prática na separação do AFM. O ambiente de trabalho no campus é um problema, uma vez que os docentes a tempo parcial têm conflitos quer com colegas docentes quer com líderes académicos (reitores, presidentes/directores), o que pode obviar ao cumprimento das normas e valores do departamento ou da instituição académica e pode ter origem em abordagens irreflectidas à implementação da AFM. Os centros de conflito são a discriminação de género e de raça/etnia, embora estejam fora do âmbito deste artigo, mas merecem ser mencionados, uma vez que a diversidade e a inclusão são prioritárias na contratação de docentes, quer como titulares a tempo inteiro, quer como adjuntos. Os conflitos profissionais no seio do corpo docente nos campi universitários são causados por indivíduos e redes informais que procuram minar a liderança a nível departamental, o que está relacionado com as decisões de contratação e resulta de problemas com a aplicação da AFM. Nos casos em que os adjuntos são mais numerosos do que os docentes tradicionais FTT e em que os papéis e as relações são mal construídos, com directrizes pouco claras, os conflitos agravar-se-ão. Os estudos indicam que, por exemplo, as expectativas dos docentes tradicionais, como a participação regular em reuniões e formações de docentes, e as dos membros a tempo parcial, foram recebidas com resistência. Na literatura, e com ênfase, as "mesmas" expectativas do corpo docente titular a tempo inteiro não podem ser esperadas do corpo docente a tempo parcial por várias razões e não menos importantes são questões de conveniência, distância para viajar de um emprego para outro e custos (ACHE, n.d., AFT, 2002, Jamieson, 2016). Os sistemas bifurcados de professores titulares e adjuntos estão a funcionar nos campus das faculdades e universidades; e as condições de trabalho não são "as mesmas", nem deveriam ser. As funções e responsabilidades do corpo docente em ambientes pós-secundários devem continuar a ser uma consideração para a construção de relações bem-sucedidas. Os estudos indicam que as medidas explícitas de satisfação profissional nos campus pós-secundários incluem factores do ambiente de trabalho, tais como políticas, procedimentos e processos que determinam o papel exato dos adjuntos na instituição. É claro que a literatura menciona uma variedade de maneiras de usar os adjuntos e atender às expectativas da liderança do departamento, como ensinar apenas, ensinar e aconselhar os alunos, ou ensinar, aconselhar e escrever cursos. O papel e as responsabilidades do FTT e do AF não são *iguais* se os benefícios forem *desiguais* (estabilidade, benefícios, remuneração), caso contrário, a satisfação no trabalho diminui. Além disso, as questões de liderança relacional que reconhecem que a governação partilhada é significativa para a plena participação no modelo de corpo docente podem ser uma oportunidade de crescimento baseada na mobilidade ascendente (ou seja, garantir uma posição de FT titular) (AAUP, 2015; Ace, n.d.; Collins, 2013). O não cumprimento dos objectivos de crescimento pessoal, como a obtenção de um lugar permanente de titular a tempo inteiro, há muito procurado, pode ser frustrante para os membros do AFM (Kezar, 2009, 2014; Lindholm, 2003).

Capítulo 14

Concorrência e instituições pós-secundárias com fins lucrativos

A Associação Americana de Professores Universitários (2016) concluiu que se tem registado um aumento do interesse pelos cursos em linha no ensino superior. Este interesse está concentrado nas administrações de instituições com fins lucrativos, mas também está a aumentar nas faculdades e universidades públicas (operadas pelo Estado) e privadas sem fins lucrativos de artes liberais e religiosas. Os problemas com as instituições de ensino superior tradicionais e o desejo dos estudantes de aprender por via eletrónica foram os motores das faculdades com fins lucrativos que prestam serviços educativos essenciais. *Será que precisamos mesmo do modelo de professores adjuntos com fins lucrativos?* Os académicos identificam os problemas financeiros como o resultado de uma quebra nas matrículas, do aumento das propinas, do aumento dramático das cargas lectivas dos professores titulares a tempo inteiro e da redução das aulas disponíveis para os estudantes, o que tem suscitado a oposição dos estudantes, da família e do corpo docente. Por conseguinte, a contratação de mais docentes adjuntos ou não titulares a tempo inteiro/parcial parece razoável. Os autores escrevem sobre os problemas da utilização de adjuntos (Kezar, 2010, 2013; Scott, 2008). Existem alguns benefícios, como o ensino à distância e a conclusão atempada do curso sem os impedimentos dos exames de admissão (SAT, GRE, outros), condução e estacionamento, e instrução presencial para responder a perguntas (fóruns de discussão de aprendizagem assíncrona).

Os professores adjuntos argumentam que o ensino à distância no ambiente com fins lucrativos permite centrar-se na aprendizagem experimental. O conteúdo exclusivo dos cursos centra-se nas competências no local de trabalho e na aplicação imediata de estratégias e ferramentas. Embora não existam provas suficientes nas bases de dados académicas, os escritos de um académico são convincentes sobre as consequências do ensino com fins lucrativos para o pessoal militar e a atratividade do ensino à distância (Mann, 2015). No entanto, nem toda a investigação indica que a seleção de adjuntos que ensinam no modelo com fins lucrativos constitui um problema. A questão é que a implementação efectiva do AFM em todas as instituições de ensino superior - públicas, privadas, sem fins lucrativos e proprietárias (com fins lucrativos) - é central para a tese de que o apoio aos adjuntos é útil para apoiar os objectivos institucionais relativos ao envolvimento dos estudantes e à satisfação profissional dos membros do AFM. De facto, a investigação de Kezar (2009, 2010, 2014) sobre a evolução da força de trabalho no ensino superior em resultado da utilização de adjuntos revelou uma longa história de interesse e utilização de membros do corpo docente a tempo parcial e sem direito a contrato como "tutores" e instrutores. Numerosos livros, publicações em revistas, estudos de associações profissionais e projectos de investigação financiados pelo governo têm sido dedicados a compreender a eficácia do Modelo de Docentes Adjuntos (MFA) nas instituições com fins lucrativos. No entanto, os argumentos deste artigo destinam-se a garantir o reconhecimento e o apoio de recursos a todos os docentes adjuntos, incluindo os professores em ambientes com fins lucrativos que enfrentam desafios de baixos salários, estatuto de trabalhador contingente, falta de oportunidade de titularidade (ou permanência) e mobilidade ascendente proporcionada pela titularidade tradicional; estas características não são atributos do AFM das instituições pós-secundárias com fins lucrativos.

Em resumo, as mudanças no corpo discente do campus reflectem as alterações demográficas na sociedade em geral, uma vez que o recrutamento de estudantes provém de códigos postais de baixo estatuto socioeconómico (SES), imigrantes e membros de vários grupos étnicos. O número de estudantes adultos está a aumentar e prevê-se que estes estudantes não tradicionais (com 35 anos ou mais) constituam 41% da população estudantil até 2021 (Relatório NCES, 2014). Em suma, as mudanças demográficas no campus são questões emergentes que afectam a satisfação profissional dos docentes no ambiente proprietário. A informação proveniente da investigação empírica é um pano de fundo para lidar com a mudança que está a ocorrer nas instituições de ensino superior. A teoria da motivação de Herzberg e os factores de higiene são uma forma de examinar os factores que motivam a satisfação profissional dos docentes, tais como o papel de professor e as políticas que orientam a execução das responsabilidades são elementos do ambiente de trabalho (factores de higiene). Assim, os vários factores e as ligações aos objectivos educativos (ensino do corpo docente, aprendizagem dos estudantes) definidos pelos estabelecimentos de ensino superior, pelos organismos de acreditação e pelo Departamento de Educação dos EUA requerem uma maior exploração dos estabelecimentos de ensino superior próprios.

Capítulo 15

O AFM e as lições das instituições com fins lucrativos

De interesse era a descrição dos adjuntos nas instituições com fins lucrativos (privadas ou proprietárias). Para além da definição do termo adjunto, ou docente a tempo parcial, não titular, estávamos interessados na aplicação do termo no mundo real. Em vários artigos de periódicos, publicações e reportagens da mídia sobre instrução e currículo em instituições de ensino superior, o profissional adjunto foi discutido (Kezar, 2014; Logue, 2015; Jaschik, 2015). O professor Kezar, da Universidade do Sul da Califórnia (USC), num estudo sobre a desagregação das responsabilidades do corpo docente, indica que o modelo do docente adjunto tem características que devem apoiar os objetivos institucionais. A investigação de Kezar (2009, 2015) sobre o AFM mostra, de facto, que nas instituições proprietárias (ou privadas com fins lucrativos) a conceção pedagógica é estrutural e operacionalmente diferente do modelo tradicional de faculdade/universidade. As funções, os títulos e as classificações dos professores adjuntos baseiam-se em normas de rentabilidade (Howell, Saba, Lindsay & Williams, 2004; Neely & Tucker, 2010; Paulson, 2002). Este modelo centra-se nas competências tecnológicas e na capacidade de ministrar instrução utilizando tecnologias electrónicas para o ensino à distância. O objetivo da administração, nomeadamente do chefe de departamento/diretor de programa, era contratar adjuntos com competências de ensino em linha. A utilização alargada do AFM foi uma forma de garantir que a instrução virtual e o envolvimento dos estudantes, à distância, fossem facilitados utilizando Sistemas de Gestão da Aprendizagem (LMS) como Blackboard, Canvas e Moodle; elevada eficiência e massa crítica; por exemplo, em alguns cursos de ensino à distância, o rácio professor-aluno é tão elevado (ou superior) como 1:100 alunos (Garth-James & Hollis, 2014). Não havia necessidade de utilizar um sistema de classificação de tenure-track, e o forte impulso para publicar (bolsas de estudo) era secundário em relação aos objectivos centrados nos estudantes (Garth-James & Hollis, 2014). É interessante notar que um resquício do sistema tradicional de tempo integral de titularidade eram as expectativas ligadas à aprendizagem dos estudantes e, por conseguinte, os profissionais das instituições com fins lucrativos assumiram funções como o desenvolvimento de cursos, a avaliação dos estudantes e a tutoria, gerindo as suas cargas de trabalho com os estudantes enquanto trabalhavam noutros empregos. Trata-se de um Modelo de Linha de Montagem Virtual, que diferenciou o cargo de docente não titular a tempo parcial ou a tempo inteiro em funções distintas - instrução, conceção de programas curriculares e conhecimentos especializados em tecnologia da educação (funcionamento dos sistemas de gestão da aprendizagem Adobe Connect, Canvas, Blackboard, Deltak, E-College, Moodle), e aconselhamento, tutoria e orientação (Smith, 2008). As percepções sobre as funções e responsabilidades foram de importância fundamental. Por exemplo, uma das nossas perguntas de investigação era sobre as reuniões departamentais e o impacto nas responsabilidades de ensino - ou seja, a data da reunião era conveniente para o adjunto que pode ter de se deslocar num dia não letivo para assistir a uma reunião ou formação de uma hora ou uma hora e meia. Setenta e cinco (75) por cento dos inquiridos indicaram que as reuniões para adjuntos em colégios próprios eram "demasiadas/um pouco demasiadas". A investigação de Deming, et. Al (2013) sobre a estrutura das instituições pós-secundárias exclusivas mostra que os estudantes vão ter as suas necessidades de ensino satisfeitas com mais frequência do que nas instituições públicas e sem fins lucrativos (artes liberais, colégios comunitários) que enfrentam um corpo docente e ofertas de cursos limitados. Por conseguinte, as contratações de professores adjuntos destinam-se principalmente a lecionar cursos; no entanto, a participação em reuniões de pessoal faria sentido para recolher informações, alterações de programas ou feedback. Não há como interpretar mal os factos de que o AFM nas faculdades/universidades com fins lucrativos se concentra no recrutamento e contratação de docentes que irão ensinar (AAUP, 2016; Deming, et. al, 2016; Kezar, 2009; 2013, Scott, 2008) numa estrutura de linha de montagem virtual. A *MacDonaldização,* ou modelo de ensino superior com fins lucrativos centrado no mercado, encontra revisões críticas das práticas de recrutamento. Os adjuntos novatos são recém-licenciados com um diploma de pós-graduação que têm pouca ou nenhuma experiência de ensino; e estão prontos para serem recrutados para a instituição pós-secundária. Tanto nas instituições de ensino superior públicas como nas instituições com fins lucrativos, alguns académicos criticam as práticas de contratação consideradas enganadoras. Por exemplo, a cobertura da PBS sobre as instituições com fins lucrativos centrou-se nas limitações da qualidade do ensino (professores sem o grau terminal, experiência e/ou ensino fora da sua disciplina) e na possibilidade de induzir em erro os estudantes desfavorecidos através de práticas de recrutamento fortemente influenciadas por investidores e accionistas. As qualificações do corpo docente no AFM são um problema e só nos preocupámos com isso em termos de ser um requisito ao nível do departamento: *Será que o chefe de departamento/diretor de programa queria qualificações específicas como condição de contratação?* O que se passa é que a contratação de professores adjuntos nas instituições com fins lucrativos tem de cumprir as normas nacionais de acreditação definidas pelo Conselho de Educação e Formação à Distância. O DEAC é um acreditador privado sem fins lucrativos de instituições de ensino superior principalmente com fins lucrativos, de acordo com políticas e procedimentos escritos. Por exemplo, no *Manual do DEAC,* são enumeradas *as expectativas* relativas às qualificações curriculares e pedagógicas das instituições acreditadas que oferecem cursos virtuais (ou cursos através do ensino à distância): "os professores são qualificados e devidamente credenciados para ensinar a matéria ao nível atribuído" e as transcrições, currículos, credenciais e diplomas são mantidos "em arquivo" pela instituição (p. 14). O diretor académico ou o diretor pedagógico deve assegurar a existência de um corpo docente adequado. A investigação de Boynton (2015) indica que o aumento do número de adjuntos está a tornar-se cada vez mais um problema para o ensino superior e que são mencionadas soluções alternativas, como o aumento do número de docentes a tempo inteiro, como incentivo para atingir os objectivos de liderança em mente. Para além disso, existem normas nacionais de acreditação para o corpo docente que lecciona em faculdades e universidades públicas e sem fins lucrativos (artes liberais). O Centro Nacional de Carreiras (NACAC) refere que as faculdades e universidades partilham uma estrutura e gestão semelhantes dos programas académicos e do ambiente do corpo docente em categorias que incluem: 1) Instituições privadas sem fins lucrativos, que recebem financiamento de fontes governamentais, propinas dos estudantes, dotações e são geridas por um conselho de administração; e, 2) Instituições privadas com fins lucrativos são geridas por empresas, investidores e accionistas; existem principalmente para obter lucros e têm acesso a ajuda federal aos estudantes (parágrafos 4-5). O relatório de Harkin (2012) sobre as instituições pós-secundárias com fins lucrativos revela *uma sobrevalorização* dos *preços* dos programas educativos para maximizar os lucros (p. 1). As provas parecem ser mais consistentes no que respeita às críticas ao modelo com fins lucrativos e ao seu modelo de ensino. Este ensaio reconhece que existem realidades preocupantes para os membros da AFM que ensinam em instituições proprietárias.

Capítulo 16

Método

As questões de investigação do artigo sobre o modelo de professores adjuntos (AFM), definições e percepções sobre o papel da liderança e a satisfação no trabalho, foram parcialmente apoiadas por uma bolsa da universidade. Esta investigação está isenta do Comité de Investigação Institucional (IRB), de acordo com os requisitos do trabalho com seres humanos. O tamanho da amostra foi inferior a 25 inquiridos no inquérito e a Análise de Conteúdo (Secundária) reduziu o tamanho da amostra a menos de 40 artigos de jornais ricos e de alto nível. A utilização de uma abordagem de método misto foi eficaz para ajudar a responder às questões de investigação e explorar as questões do AFM no que diz respeito aos desafios de implementação e ao papel da liderança departamental para ajudar os adjuntos a tornarem-se eficazes na execução das suas funções e responsabilidades normativas para os resultados de aprendizagem dos alunos. A AC utiliza dados qualitativos de textos (relatórios, estudos de arquivo, casos e entrevistas) que são organizados e interpretados para contar uma história sobre padrões e fazer inferências. Na década de 1950, o método de análise de conteúdo era útil para examinar frases e, a partir da década de 1960, evoluiu para a interpretação da semântica, identificando padrões de palavras e contagens de palavras; mesmo as anedotas e as relações semânticas ajudam a construir um caso para os fenómenos. A análise de conteúdo é um método válido; as questões de validade e fiabilidade são mencionadas por Stemler em Yale e os investigadores que utilizam o método indicam a importância da codificação (Krippendorff, 2013). Relativamente às questões sobre o papel específico dos adjuntos em instituições com fins lucrativos, estas conclusões baseiam-se num estudo realizado com o meu colega, Dr. Hollis, no qual inquirimos o corpo docente adjunto sobre o modelo de comunidade de inquérito numa instituição com fins lucrativos (Garth-James & Hollis, 2014). O estudo incorpora a revisão da literatura e os dados que ajudam a criar as questões de investigação. A recolha de dados informatizada foi útil para recolher informações, incluindo perguntas estruturadas e perguntas de conversação (abertas). Os métodos informatizados de recolha de dados estão a tornar-se populares (Fowler, 2015; Wilcox, Gallagher, Bolden-Alba, Bakken, 2012), tal como o método misto que utiliza a análise de conteúdo (ver o estudo de Shea sobre CdI e eLearning, conforme discutido em Smith & Ice,

2009) Os participantes no inquérito responderam voluntariamente; e não houve outras restrições para além da auto-identificação como professor a tempo parcial ou a tempo inteiro não titularizado (FTNTT), ou "adjunto", a trabalhar atualmente ou no passado, numa instituição pós-secundária. Num inquérito anterior (2014, 2017), restringimos os inquiridos a terem trabalhado em instituições com fins lucrativos; e, claro, incluímos algumas das respostas. Este artigo incorpora as respostas às perguntas orientadoras e fornece informações para ajudar o leitor a explorar o tópico da implementação do modelo de corpo docente adjunto no ensino superior, especificamente, o que se aprendeu com as faculdades e universidades privadas com fins lucrativos (proprietárias) que podem inculcar para redesenhar de forma eficaz e eficiente o ensino superior e fazer uso dos adjuntos de uma forma que leve à diminuição da insatisfação no trabalho.

Capítulo 17

Resultados

As questões de investigação fornecem a descrição dos nossos interesses em factores como as relações com os chefes de departamento, que afectam a satisfação dos AFM enquanto trabalham na faculdade e universidade proprietárias. As respostas ao inquérito fornecem novas informações sobre a estrutura e as operações do trabalho dos docentes adjuntos (funções, responsabilidades) relacionadas com a marcação de aulas, reuniões, interação com os presidentes/directores, recursos de apoio (investigação, envolvimento dos estudantes) e utilização eficaz das credenciais. O que *é exatamente o modelo do corpo docente adjunto* é claramente respondido na literatura. Na análise de conteúdo e nos inquéritos, interessavam-nos as respostas à pergunta acima referida. A Figura I mostra a frequência de frases positivas na literatura, o que reflecte também as respostas aos inquéritos. A distribuição de frequência das frases que indicam a atratividade, ou frases positivas, do MFA é mostrada na figura.

Figura 1. Frequência de frases positivas sobre o AFM

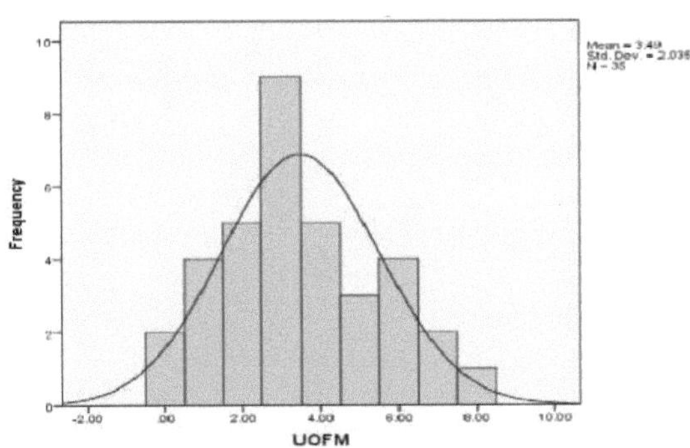

A forma de sino implica basicamente que a maior parte das instituições de ensino superior utilizará o AFM com docentes não titulares a tempo parcial ou a tempo inteiro.

Contudo, apesar do interesse evidente dos dirigentes institucionais em empregar adjuntos, poderá a implementação do AFM tornar-se mais eficaz? Algumas das preocupações estão resumidas nestes comentários: "os adjuntos estão associados a um fraco desempenho dos alunos"; "os adjuntos são objeto de discriminação e registam taxas de pobreza mais elevadas do que os FTTT"; "[os adjuntos] são principalmente instrucionais e menos qualificados do que os FTTT". Estes comentários apareceram na literatura examinada para este estudo numa média de 3,67 vezes por página. O apoio ao AFM por parte dos docentes a tempo parcial e dos FTTT, particularmente em faculdades de artes liberais, foi de interesse. A exploração da normalidade dos dados para a palavra ou frases acima referidas envolveu a estatística do teste de Kolmogorov-Smirnov, com IC de 95% e o valor de p 0,05, indicando que ambas as distribuições não são normais (FTNTT KS, 0,184; tempo parcial KS, 0,117). O resultado explica a bimodalidade e a assimetria observadas nas pontuações de contagem de palavras sobre o interesse no AFM, que é significativo (p<0,05). O interesse dos docentes a tempo parcial no AFM centra-se nos salários, na vocação para a docência e nas oportunidades de promoção ou num tipo de nomeação FTTT; os membros da FTNTT também estão interessados nas promoções. Os relatos dos meios de comunicação social que apresentam os docentes, especificamente os membros a tempo parcial, a reclamar um tratamento injusto como conferencistas, trabalhadores assalariados, docentes contingentes e, em alguns relatos, como *adjuntos* da FTNTT, não são surpreendentes, dada a atenção dada ao tema em publicações académicas e relatórios de associações universitárias. A Associação Americana de Professores Universitários (AAUP), o Conselho Nacional de Formação de Professores (NCTE), os Professores de Inglês para Falantes de Outras Línguas (TESOL), bem como o Departamento de Educação dos EUA (DOE) e o Centro Nacional de Estatísticas da Educação (NCES), têm dados e informações sobre o "tratamento equitativo" dos adjuntos (a tempo parcial e a tempo inteiro sem vínculo contratual). Outros que assinalam o aumento do número de docentes a tempo parcial e FTNTT incluem a Coalition on the Academic Workforce (CAW) e organizações de negociação colectiva (sindicatos), como a American Federation of Teachers (AFT) e o Service Employees International Union (SEIU).

A investigação indica que a percentagem de docentes a tempo parcial/integral que trabalham como *adjuntos* em instituições com fins lucrativos é superior a 70% (ver Figura 2). Normalmente, as instituições com fins lucrativos não utilizam o sistema de classificação de titularidade, o que resulta na elevada percentagem de docentes que não são titulares e que trabalham como *adjuntos a tempo parcial/inteiro* nestas faculdades/universidades. Os adjuntos a tempo parcial são mais numerosos do que os adjuntos a tempo inteiro.

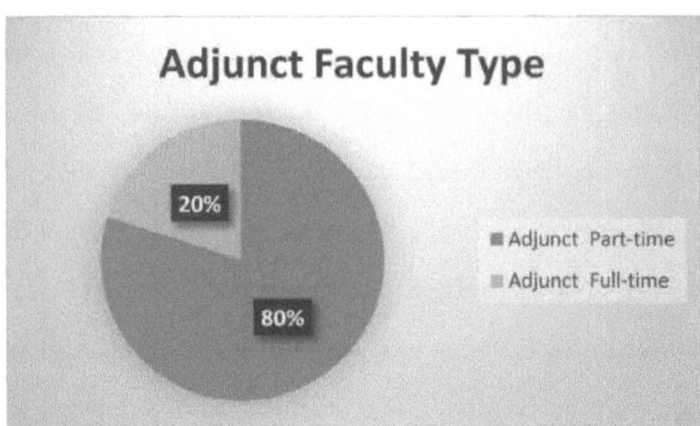

Figura 3. Competências AFM

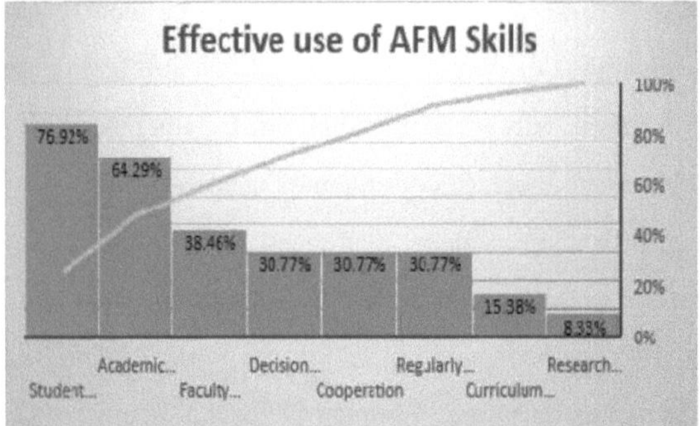

As perguntas do inquérito para este estudo dizem respeito às percepções dos inquiridos sobre as competências que são efetivamente utilizadas pela faculdade/universidade. A análise de Pareto das respostas relativas à utilização de competências como o empenhamento do corpo docente, a cooperação, o contributo para a tomada de decisões, o desenvolvimento curricular e o empenhamento dos estudantes é apresentada na Figura

2, que indica as percepções sobre as qualificações ou as competências necessárias para se tornar um profissional eficaz do corpo docente adjunto numa instituição pós-secundária. Cerca de 80% dos inquiridos indicaram concordar fortemente que as suas competências são úteis para envolver "eficazmente" os estudantes. No que diz respeito às políticas de participação em reuniões, outra pergunta do inquérito procurava obter a opinião da AFM relativamente a orientações e anúncios claros sobre a participação em reuniões; 36% indicaram que as políticas eram "muito claras". No entanto, as respostas combinadas para "moderadamente claras", "ligeiramente claras" e "nada claras" totalizaram 43%. Os especialistas argumentam que podem ser feitas generalizações aproximadas a partir da investigação qualitativa. Talvez a posição mais razoável sobre a questão da participação em reuniões e do corpo docente adjunto seja a de generalizar que políticas claras e a não participação efectiva, por vezes, são defensáveis. Foi feito um teste t para descobrir as percepções dos professores adjuntos sobre a satisfação e as ligações com o tipo de trabalho (aconselhamento e ensino, ou apenas um ou outro). Os resultados foram insignificantes; e as respostas relativas à liderança relacional e à insatisfação com a liderança do departamento. O teste t dependente foi útil para mostrar se a diferença entre as pontuações médias não era um resultado do acaso. Queremos descobrir as percepções dos docentes adjuntos de que a insatisfação no trabalho está fortemente relacionada com a liderança e as relações departamentais (presidente, diretor). A probabilidade de o valor t (-0,447) ser elevado (66%) permite-nos concluir que a liderança relacional pode estar na origem da ansiedade e da insatisfação com os chefes de departamento.

Figura 4. Gráfico de barras Importância da liderança

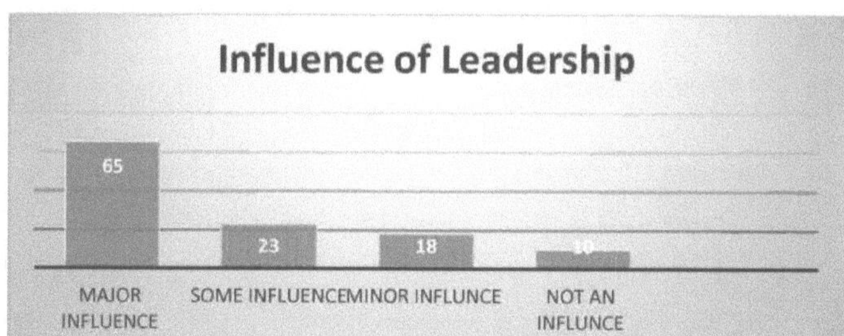

Verificou-se que as perguntas sobre a liderança departamental têm uma grande influência na satisfação profissional, como mostra o gráfico de barras. A pergunta relativa à perceção dos adjuntos sobre a eficácia da liderança departamental (presidente, diretor) indica que 63% consideraram que não era eficaz; e 28,6% indicaram "nada eficaz" na escala de classificação semântica A Figura 3 representa a importância da liderança com base no inquérito por entrevista As respostas às perguntas n.º 3 e n.º 7 eram qualitativas, abertas, para descobrir as atitudes e opiniões dos professores adjuntos inquiridos relativamente à utilização eficaz dos talentos (tempo de programação, competências de investigação, feedback sobre melhorias curriculares), às relações com os líderes departamentais e ao efeito na instrução (satisfação no local de trabalho) e na aprendizagem dos alunos. Um resumo das respostas dos docentes mostra que mais de 45% consideraram a utilização ineficaz dos **talentos** e 78% indicaram a liderança como "algo, muito e extremamente insatisfeita". As perguntas do inquérito para este estudo referem-se às percepções dos inquiridos sobre as competências que são efetivamente utilizadas pela faculdade/universidade. A análise de Pareto das respostas relativas à utilização de competências como o envolvimento do corpo docente, a cooperação, a tomada de decisões, o desenvolvimento curricular e o envolvimento dos estudantes é apresentada na figura.

A questão do envolvimento dos professores AFM nas reuniões do departamento e da frustração e assiduidade tem uma ligação importante com sentimentos de frustração, insatisfação no trabalho e desempenho negativo no trabalho (citação). A pergunta n.º 6 do inquérito procurou identificar as respostas dos AFM e a relação com a satisfação no trabalho relativamente a políticas claras sobre a participação em reuniões e formações. As respostas estão ilustradas na Figura 4.

Figura 5. Políticas claras de participação em reuniões e acções de formação

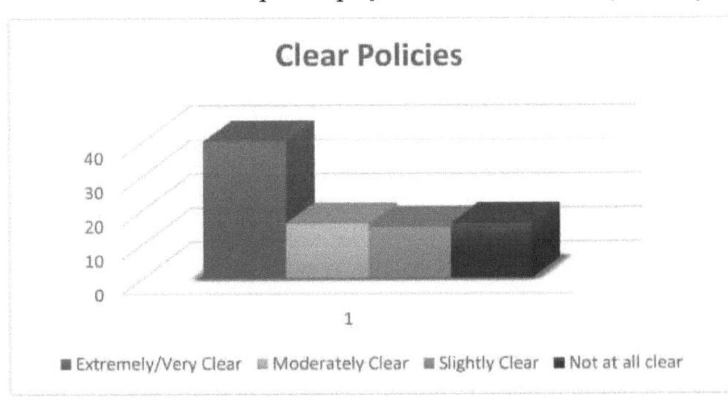

Quase metade das respostas indica que os adjuntos **desejam** políticas e directrizes claras relativamente ao número de reuniões e formações necessárias para cumprir as normas de assiduidade estabelecidas pelo departamento. Outro item dizia respeito ao envolvimento do corpo docente e 47% indicaram "neutro" relativamente ao envolvimento com outros docentes. A participação em reuniões como professor adjunto no ensino superior é considerada uma forma importante de recolher e partilhar informações sobre as políticas, normas e directrizes da universidade e do departamento para a gestão dos resultados de aprendizagem dos alunos, incluindo as melhores práticas para trabalhar com diversas populações de alunos (primeira geração, alunos com deficiência, outros). Quarenta e três por cento dos adjuntos com fins lucrativos indicam que a sua participação nas reuniões departamentais é "mais ou menos a quantidade certa"; no entanto, desejam uma clarificação das políticas. Como tal, a participação irregular pode explicar algumas razões para a desconexão e o descontentamento do corpo docente adjunto (Garth- James & Hollis, 2014).

Os autores sugeriram que a "desagregação" das funções e responsabilidades do corpo docente através da utilização de adjuntos é uma resposta ao fracasso do modelo tradicional do corpo docente, no qual se espera que os professores titulares e em regime de contrato estejam "concentrados na trilogia do ensino, investigação e serviço" (Kezar, 2013, p. 2; ACHE, n.d.). No entanto, apesar do interesse evidente dos líderes institucionais em empregar adjuntos, pode a implementação da AFM tornar-se mais eficaz? Garth-James (2016) realizou um estudo sobre o AFM em instituições públicas e sem fins lucrativos e um resumo dos comentários do corpo docente inclui que "os adjuntos estão ligados ao mau desempenho dos alunos"; "os adjuntos sofrem discriminação e taxas mais altas de pobreza em comparação com os FTTT"; "[os adjuntos] são principalmente instrucionais e menos qualificados do que os FTTT". (p. 2). A revisão da literatura sobre a AFM relacionada com os professores com fins lucrativos revelou comentários semelhantes sobre ligações a um fraco desempenho dos estudantes e qualificações questionáveis. O interesse nas percepções sobre a utilização eficaz dos talentos dos instrutores do AFM foi o de utilizar a triangulação de dados para apoiar a informação encontrada em várias fontes utilizadas neste estudo de investigação. Por exemplo, várias fontes de dados académicos indicam que a publicação, o envolvimento no serviço comunitário e a eficácia do ensino são "talentos" que os presidentes, os reitores e os estudantes esperam que sejam conjuntos de competências de todos os docentes, incluindo os adjuntos.

Tabela 1. Liderança importante para as relações
Teste de amostras emparelhadas

	Paired Differences					t	df	Sig. (2-tailed)
	Mean	Std. Dev	Std. Error Mean	95% Confidence Interval of the Difference				
				Lower	Upper			
Pair 1 Relationships and Leadership	-.16667	1.58114	.37268	-.95295	.61962	-.447	17	.660

O teste t dependente para foi útil para mostrar uma probabilidade de 3,0% de que t (2,365), $p < 0,05$; o que é significativo e concluímos que a liderança relacional tem um impacto na perceção da eficácia do ensino.

Tabela 2. Liderança importante para as relações

Teste de amostras emparelhadas

		Paired Differences					t	df	Sig. (2-tailed)
		Mean	Std. Devi ation	Std. Error Mean	95% Confidence Interval of the Difference				
					Lower	Upper			
Pa ir 1	Rela and - Teachi ng	1.055 56	1.89 340	.44628	.11399	1.9971 2	2.3 65	17	.030

Neste projeto de investigação, menos de metade dos artigos da análise de conteúdo caracterizavam a negociação colectiva como um requisito para ser adjunto. *Qual é o nível de apoio ou oposição em relação à negociação colectiva para os docentes a tempo parcial ou FTNTT que trabalham no ensino superior, especificamente em faculdades e universidades privadas de artes liberais sem fins lucrativos?* A Figura 5 abaixo mostra o elevado apoio (fatia sombreada a escuro) dos membros da AFM à sindicalização. O resto da torta indica aqueles que oferecem pouca oposição (a fatia branca) ou não tomam uma posição sobre a questão (fatia pontilhada).

Figura 6: Apoio sindical e AFM

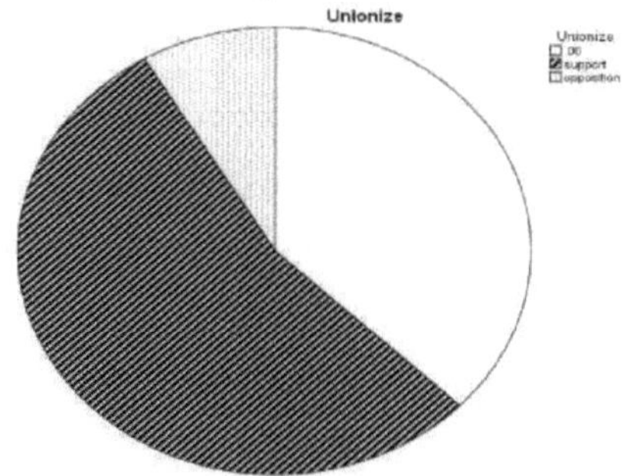

O aparente descontentamento com tarefas de ensino inconsistentes e contratos com benefícios e políticas e procedimentos claros relativamente ao papel do **adjunto significou** um impulso para a sindicalização em campi universitários maioritariamente públicos e sem fins lucrativos. Os profissionais adjuntos são trabalhadores a tempo parcial (part-time e FTNTT) e estão impressionados com a ideia de sindicalização devido a factores de higiene como as condições de trabalho (acesso a salários, espaço de trabalho, participação em reuniões e processos de feedback) e o tipo de nomeação (tenure). O National Labor Relation Board (NLRB) determina o direito de sindicalização; a consideração foi invocada em instituições de artes liberais como a Loyola (IL), a St. Mary's (CA) e a Notre Dame de Namur (CA). Uma das razões para procurar a negociação colectiva é descrita aqui:

> O descontentamento entre muitos membros do corpo docente... 20 000 adjuntos, professores titulares e estudantes de pós-graduação sindicalizaram-se em mais de 70 escolas públicas e privadas desde o início de 2012, de acordo com William A. Herbert, diretor do Centro Nacional para o Estudo da Negociação Colectiva no Ensino Superior e nas Profissões do Hunter College, CUNY. "Um elemento que permeia muitos destes casos é [a ideia de] respeito e a forma como os professores contingentes estão a ser tratados". (Jaimeson, 2016, p. 2).

As frases ligadas à governação, tais como "tipo de nomeação do corpo docente" e "benefícios" e política que apareceram no conteúdo e foram predominantes; cada um dos 35 artigos tinha em média pelo menos duas linhas sobre estes factores de higiene. As frases "recebem pouco ou nenhum salário", "podem ou não ter um gabinete", "têm menos probabilidades de interagir com os colegas, de participar na governação institucional" foram contadas meia dúzia de vezes nos artigos da amostra e várias vezes nos relatórios dos meios de comunicação social/blogues (AFT, 2002; Jaimeson, 2016; Kezar & Maxey, 2014; NCTE, 1997; Sanford & McClasim CTE Report, 2004). Os membros do corpo docente das faculdades católicas de artes liberais estão a considerar a sindicalização, e alguns membros tradicionais de carreira estão a agir por *Esprit de Corps* (ou seja, solidariedade com os não titulares) na esperança de melhorar a governação e as condições de trabalho. A falta de flexibilidade no ensino superior no que diz respeito a factores motivacionais (isto é, salários, diversidade e inclusão, qualidade do trabalho, oportunidade de crescer ou de receber promoções) pode estimular a sindicalização. Existem questões jurídicas relacionadas com a governação partilhada. A definição de normas para o desempenho dos docentes é um exemplo de governação partilhada. Relativamente à pergunta "*Qual deve ser o nível de governação na definição das normas de desempenho profissional dos adjuntos?* O respeito pelas contribuições globais da AFM para a competitividade das faculdades/universidades privadas, públicas e sem fins lucrativos no ensino superior é considerado um problema. Por exemplo, algumas percepções são de que os adjuntos são prejudiciais para os objectivos que a liderança institucional tem em mente, tal como discutido anteriormente.

O Modelo Kano representa as preocupações da *voz do corpo docente adjunto* relativamente à importância da liderança relacional, dos recursos de apoio e da satisfação.

Figura 7. Modelo Kano: A voz do corpo docente adjunto

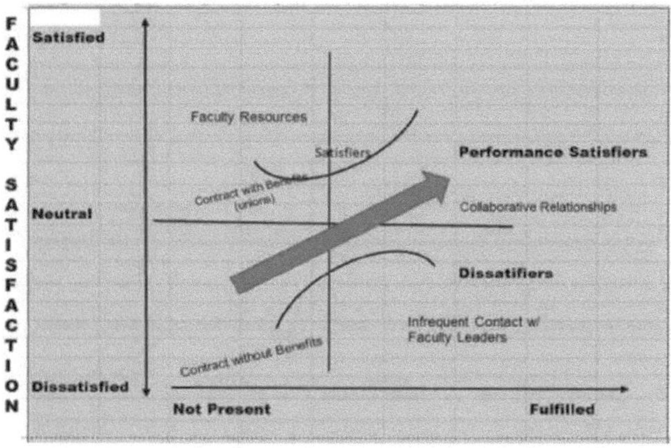

Uma caraterística significativa deste estudo é a identificação da liderança relacional saliente e da governação colaborativa que é importante para o corpo docente adjunto em instituições pós-secundárias. O modelo Kano ilustra o feedback relevante do corpo docente relativamente aos factores de satisfação e insatisfação na instituição pós-secundária. O apoio e os recursos são muito importantes para os docentes e os adjuntos dependem de materiais (cópias, canetas de escrita, recursos de livros) para envolver efetivamente os estudantes num ambiente de comunidade mista de investigação; por vezes, estes itens estão em falta e não há recursos. Num ambiente virtual, ter acesso à versão mais recente do software e hardware informático é vital para o ensino e a presença social e afecta os resultados da aprendizagem. O feedback sobre as reuniões, o contacto com os chefes de departamento e os recursos de apoio estão relacionados com a satisfação. Os comportamentos e atitudes do corpo docente reflectem as características da faculdade/universidade? Os dados da National Science Foundation (NSF) sobre a satisfação profissional do corpo docente e a ênfase na governação e nas relações entre a administração e o corpo docente (Sabharwal & Corley, 2009), observaram que os adjuntos reflectem a cultura institucional relacionada com a composição do corpo docente, a remuneração, a liderança e a governação institucional. No entanto, nas instituições que registam um número reduzido de inscrições e classificações de solvência, o corpo docente adjunto que considera o ensino como uma vocação sacrificará os salários do mercado e a segurança do emprego (titularidade) para prestar apoio ao pessoal e aos estudantes. O inquérito utilizou uma escala de Likert de 1 (pouco gosto pela atividade) a 5 (muito gosto pela atividade) sobre o papel e as responsabilidades dos professores adjuntos e as suas respostas médias a perguntas sobre o ensino, que revelaram os seguintes resultados relativamente ao *gosto pelo ensino da sua disciplina*: M=3,8 (DP=0,49) M= 3,13 (DP= 0,77), e M= 2,47 (DP 0,88) (Marston & Brunetti, 2005; Smerek & Peterson, 2006). Além disso, no que diz respeito aos factores relacionados com a *oportunidade de participar na governação* (por exemplo, através do trabalho em comissões ou do serviço), as respostas dos adjuntos indicaram um valor positivo elevado, M= 3,26 (DP= 0,79); nas relações com as chefias (apoio e honestidade), M= 3,26 (DP 0,79); e as relações com os docentes (estar com os colegas) indicaram um valor positivo elevado (Marston & Brunetti, 2005; Smerek & Peterson, 2006).

É interessante notar que o ponto de dados mais baixo foi a segurança do emprego e a indisponibilidade de um lugar a tempo inteiro M= 2,97 (DP=0,88); por conseguinte, a perceção da segurança do emprego por parte dos adjuntos está relacionada com o tipo de nomeação e o acesso a um lugar a tempo inteiro com direito a um lugar a tempo inteiro, que é um fator motivacional de Herzberg (Marston & Brunetti, 2005; Smerek & Peterson, 2006). Em resumo, redesenhar a instituição pós-secundária tradicional para remover barreiras à construção de uma comunidade eficaz para o eLearning requer uma nova agenda. Dewey,

Herzberg e os académicos modernos que investigam e partilham a investigação sobre o eLearning acreditam que, para melhorar os estabelecimentos de ensino superior e as universidades, permitindo-lhes utilizar eficazmente as tecnologias da educação, devem ter a liberdade de contratar os docentes que se adaptam a uma nova abordagem educativa. Os dados sobre a satisfação profissional dos docentes baseados na investigação indicam uma utilização alargada dos princípios de CdI para ajudar a criar relações de colaboração entre os docentes e os líderes de departamento que têm controlo sobre os orçamentos, a programação dos cursos, os resultados da aprendizagem dos alunos e a maioria dos aspectos associados à satisfação profissional.

Capítulo 18

Discussão e recomendações

O Modelo do Corpo Docente Adjunto (MFA) apresenta vantagens e desvantagens potenciais de uma estratégia de reformulação pouco clara. Alguns líderes académicos e professores reconhecem os êxitos do eLearning nas salas de aula do ensino pós-secundário público, sem fins lucrativos e privado; e outros queixam-se da aprendizagem em linha, como a exploração financeira de estudantes despreparados de minorias ou com baixos rendimentos. Atualmente, as escolas do centro da cidade debatem-se com salas de aula sobrelotadas, materiais de aprendizagem insuficientes (livros, suplementos) e instalações delapidadas. Estão a ser envidados esforços de reforma para melhorar as escolas de tijolo e argamassa do centro da cidade em Estados como o Alabama, Maryland, Califórnia, Mississippi e Carolina do Sul, que ganharam a atenção dos meios de comunicação social devido a instalações e ensino de má qualidade. A tendência para a utilização de professores adjuntos não está a diminuir, mas sim a aumentar, como se refere neste artigo. Os resultados do estudo indicam que existe uma definição precisa dos adjuntos e que se pensa que o AFM é uma forma de criar eficiência académica nas instituições pós-secundárias. O AFM é entendido pela liderança institucional como conotando os membros que ensinam a tempo parcial ou numa base contingente para cumprir os objectivos que têm em mente - lecionar cursos, aconselhar estudantes ou uma combinação destes. O que é evidente é que os membros do corpo docente a tempo parcial ou a tempo inteiro das faculdades e universidades exclusivas não são susceptíveis de serem geridos através do sistema de classificação por tenuretrack que predomina no modelo universitário tradicional. O American Council on Education (ACE) apresentou um relatório sobre as tarefas normativas do corpo docente que afectam o desenvolvimento e a aprendizagem dos estudantes, tais como o ensino e o aconselhamento, que são consideradas funções essenciais do corpo docente. A aplicação do AFM nos colégios e universidades privados com fins lucrativos suscita preocupações do Departamento de Educação dos EUA no que respeita às credenciais, à competência e ao efeito do corpo docente nos resultados da aprendizagem dos estudantes. Os directores de departamento devem manifestar a sua preocupação quanto à utilização eficaz dos adjuntos nos seus departamentos. De facto, algumas preocupações prendem-se com a contratação de professores qualificados ou com especializações (credenciais) e experiência de ensino, bem como com a capacidade de educar o aluno como um todo (Deming, et. al, 2015; Kezar, 2010; Smith, 2008). A premissa central do quadro da Comunidade de Inquérito é avaliar a afetividade da sala de aula e as implicações para a aprendizagem dos alunos. Os factores sociais, emocionais e cognitivos presentes na sala de aula, quer na modalidade em linha quer na modalidade mista, exigem que os professores estejam muitas vezes mais bem posicionados para conhecer as necessidades integrais dos alunos. Segundo um membro do corpo docente, se lhe for dada a oportunidade de participar nas decisões da sala de aula que afectam "a mim" e aos "meus alunos", então o local de trabalho tem mais "valor". O corpo docente actua para ajudar os alunos com baixo desempenho em instituições de tijolo e argamassa, faculdades de artes liberais com turmas pequenas; e a investigação indica que resultados semelhantes também podem acontecer num ambiente acolhedor de eLearning. Uma abordagem de ensino centrada no aluno é uma forma de responder às necessidades gerais dos alunos modernos que frequentam aulas num ambiente de eLearning. Como tal, a orientação dos adjuntos para a prática foi claramente descrita em várias publicações de investigação citadas neste ensaio. No entanto, na revisão da literatura, por vezes as investigações dos académicos sobre os adjuntos revelam que, na pressa de contratar, os docentes podem não ter os requisitos de credenciais necessariamente estabelecidos e aplicados pelas faculdades e universidades tradicionais e pelas agências de acreditação. Uma compreensão clara e partilhada, iniciada a nível departamental pelo diretor do programa e pelos presidentes com experiência e diplomas nas áreas do programa, é um esforço contínuo que precisa de ser desenvolvido para que os praticantes adjuntos na sala de aula se tornem professores eficazes.

Os adjuntos mudaram a pedagogia tradicional, com ênfase na investigação e nos estudos, para a aplicação no mundo real dos conhecimentos adquiridos na sala de aula para resolver problemas no local de trabalho. Os inquiridos (73%) neste estudo indicaram ter as credenciais necessárias (mestrado, doutoramento) para ensinar nas respectivas disciplinas; 25% não concordaram. Tal como indicado na literatura, a utilização do AFM significa repensar a noção de *académico completo - o* ensino, a investigação e o serviço comunitário são essenciais para o desenvolvimento cognitivo, emocional e profissional dos estudantes. As mudanças demográficas - ou seja, os profissionais não tradicionais que regressam à escola querem soluções pragmáticas para problemas do mundo real mais do que teoria na sala de aula - têm implicações para o AFM. Ficou claro que a liderança académica (reitores, presidentes, directores) quer profissionais adjuntos na sala de aula para fazer crescer os seus programas, e que sacrificar elementos do modelo tradicional de corpo docente (ofertas de posse) é prudente para satisfazer as necessidades institucionais. Há preocupações sobre o "corpo docente descartável" (Pratt, 1997) e a reconfiguração de papéis (Paulson, 2002) em ambientes presenciais e virtuais nos quais os adjuntos ensinam, bem como a exploração usando a "cidadania da titularidade" centrada na separação das responsabilidades normativas e formativas do ensino. Esta discussão resumirá os pontos-chave das análises.

Em primeiro lugar, o alargamento da autoridade dos directores/presidentes de programas departamentais e dos reitores, com um maior controlo sobre a contratação e a orientação e desenvolvimento dos profissionais de AFM, irá agradar a algumas exigências dos estudantes em matéria de eLearning. Uma das razões é que as faculdades e universidades modernas devem oferecer aos estudantes uma variedade de opções de aprendizagem adaptadas ao estilo de vida atual. Recorde-se que no livro *"The Mcdonaldization of Higher Education"*, o autor capta a ideia de

massificação da *academia* através de uma explosão de programas de licenciatura presenciais e em linha, Cursos Online Abertos e Massivos (MOOC) e ensino à distância que competem com faculdades de artes liberais privadas com e sem fins lucrativos (Dierker, 2014, Garth-James, 2016). Os colégios e universidades que se dedicam agressivamente ao ensino em linha são instituições proprietárias e necessitam de uma maior responsabilização. A combinação de uma fraca autoridade de contratação e de tutoria a nível departamental e de uma forte responsabilização eviscera efetivamente a oportunidade de uma liderança relacional forte. Em segundo lugar, no seio da AFM, um corpo de profissionais dedicados está pronto a ensinar e a aconselhar nos termos de acordos contratuais. Historicamente, recorremos a adjuntos como tutores, conferencistas e trabalhadores a tempo parcial e numa base contratual temporária para cumprir a missão e os objectivos da instituição pós-secundária e as expectativas que os administradores tinham em mente (arranque de programas que exigem professores qualificados temporários, falta de espaço no local para acolher as aulas, procura de programas em linha). Uma das conclusões da investigação é que as instituições académicas estão a considerar o desejo de interação entre professores e alunos através da utilização de tecnologias educativas modernas. Os alunos globais são uma classe em crescimento criada pelas tendências de expansão dos programas de eLearning. Por exemplo, os estudantes interessados que são deficientes, ou encarcerados, ou hospitalizados, ou que de outra forma não podem aceder a cursos presenciais, formação e orientação, podem, como descrito neste artigo.

Sob a liderança dos presidentes e directores de departamento, a perceção é de que o valor do local de trabalho aumenta na medida em que os adjuntos podem participar nas decisões sobre o currículo e o pessoal que os afecta. Nas instituições proprietárias, a hierarquia da tomada de decisões e a separação de tarefas, por exemplo, os professores ensinam, os centros de aconselhamento dão conselhos aos estudantes e os centros de apoio académico determinam as normas curriculares e até os autores dos cursos. As obrigações para com as necessidades imediatas do envolvimento entre professores e estudantes são obscurecidas para apoiar o leque de funções desagregadas. A AFM acaba por ser afetada na maioria dos colégios e universidades privados. Há uma relação tensa entre os professores titulares a tempo inteiro e os professores adjuntos não titulares no ambiente universitário moderno. Será que os colégios e as universidades conseguem sobreviver sem os membros do AFM? Não existem dados de investigação suficientes sobre o efeito global e duradouro da utilização *exclusiva* de professores titulares a tempo inteiro em comparação com os professores a tempo parcial. O modelo com fins lucrativos não pode existir sem os adjuntos. A revisão da literatura não esclarece a magnitude de uma relação entre os adjuntos do ensino proprietário sobre os aspectos normativos do empenhamento e a aprendizagem dos alunos, em comparação com o corpo docente adjunto tradicional. Um autor não encontrou diferenças significativas na atitude, no planeamento prévio das actividades na sala de aula e no empenho no envolvimento e na aprendizagem dos estudantes entre os membros do AFM e do TFM (Umbach, 2008). Os adjuntos qualificados que estão empenhados e desempenham as mesmas funções que os FTTT, mas que não preencheram as vagas abertas para professores titulares, são susceptíveis de serem explorados pela direção académica e de sofrerem miséria no trabalho.

Em seguida, os resultados da análise da literatura revelam o problema do número de professores por aluno, como o caso de um adjunto encarregado de ensinar mais de 100 alunos num semestre (curso de 7 ou 8 semanas)! A autoridade a nível departamental é obstruída para os líderes do corpo docente que pretendem satisfazer as necessidades sociais e cognitivas dos eLearners; as minhas experiências numa universidade com fins lucrativos representam o lado negativo da AFM e do eLearning nas instituições proprietárias. Melhorar o AFM exige processos de aprovação definidos pelos reitores, presidentes e directores de programas ao nível dos departamentos. Nalgumas faculdades e universidades, a liderança da unidade (departamento) identificaria e interviria no caso de membros do corpo docente com baixo desempenho. Em seguida, a liderança do departamento é desejada pelos adjuntos, o que permite feedback e apoio. Os presidentes (directores), líderes académicos, devem definir as normas de desempenho e, com o contributo e o feedback dos docentes, realizar avaliações regulares com conselhos úteis. Expectativas de desempenho realistas e que utilizem medidas formativas no processo de observação e avaliação do corpo docente devem ter critérios claros, por exemplo, 10/10 para responder aos alunos em 48 horas, ou 5/5 para participar em 2/4 reuniões do corpo docente no ano do contrato. Para ajudar o membro adjunto a desenvolver-se, os presidentes/directores de departamento podem considerar o estabelecimento de limiares de desempenho, tais como atingir/manter um padrão mínimo de 80% (100%) com base na avaliação da observação do corpo docente. O feedback é de importância vital para o desenvolvimento do adjunto e para o cumprimento dos objectivos do programa/departamento. A maioria dos adjuntos quer ter um bom desempenho e receber feedback sobre o cumprimento e a superação dos objectivos (ou não). A criação de um ambiente para que o adjunto se sinta respeitado e confortável no campus foi fortemente apoiada pela investigação da AAUP, ACHE e AFT. Umbach (2008) escreveu:

> Os investigadores defendem que os trabalhadores de longa duração de uma organização onde estão empregados muitos trabalhadores contingentes sentir-se-ão inseguros quanto ao seu estatuto no seu emprego; assim, o contrato psicológico e a confiança dos trabalhadores na organização são quebrados. Por sua vez, o desempenho profissional (Kraimer, Wayne, Liden, & Sparrowe, 2005) e o empenhamento organizacional (Pearce, 1993)" (p. 5).

Além disso, é imperativo que o Departamento de Educação dos Estados Unidos exija a responsabilização das agências de acreditação, como a DEAC, e das instituições proprietárias. Sem supervisão, ou sem uma supervisão consistente, as instituições com fins lucrativos fazem um grande marketing junto das minorias e exploram os professores adjuntos. No que se refere a um desempenho profissional ótimo, o empenhamento nos objectivos do departamento académico através do cumprimento das responsabilidades do corpo docente, tais como a participação regular em reuniões/formações e o cumprimento do horário de expediente, pode ser abordado pelos chefes de departamento (presidentes, directores) durante o período de avaliação do corpo docente. A liderança do departamento deve reconhecer a importância da definição de objectivos, de uma política clara para as avaliações dos adjuntos e de tempo para o feedback, o que requer o conhecimento dos ideais normativos e formativos necessários para um ambiente académico positivo de resultados atitudinais, sociais e cognitivos para os estudantes (Wallace Center Report, 2012). Sobre a teoria de Herzberg e a satisfação no trabalho, a motivação e os factores de higiene (ambiente) que apoiam a satisfação no trabalho; estes incluem, mas não se limitam a, respeito no trabalho, oportunidade de construir relações com colegas e supervisores imediatos e expectativas claras de desempenho e políticas sobre a participação em reuniões e formações.

Os chefes de departamento devem considerar a tutoria como um programa de responsabilização do corpo docente, bem como resolver problemas com adjuntos desmotivados e de baixo desempenho. Um programa de integração de amigos para adjuntos é útil para:

1. Ser mentor do adjunto novato e interpretar a cultura académica do departamento e da faculdade/universidade; ter também um companheiro de conversa.

2. Fornecer orientação e dicas úteis para demonstrar tecnologias de eLearning, gerir cargas de alunos num ambiente virtual, classificar e reforçar as expectativas e normas associadas às funções e responsabilidades do corpo docente nos vários modelos de ensino (presencial ou em linha).

3. Reconhecer a frequência e a importância de dispor de observações consistentes dos docentes e de avaliações dos estudantes; e que estes documentos constituem a base para atuar no sentido de aplicar normas mínimas e expectativas claras durante a reunião de feedback entre os adjuntos e os presidentes (directores).

4. Alargar a autoridade dos reitores, presidentes e directores de programas a nível departamental que trabalham em estreita colaboração com os docentes e têm um maior impacto nos factores pedagógicos, sociais e cognitivos que são essenciais

para uma comunidade de aprendizagem eficaz e colaborativa.

A gestão do corpo docente requer directrizes políticas claras, programas de responsabilização de mentores e feedback numa base regular para que os adjuntos satisfaçam as expectativas de desempenho da direção do departamento. Na introdução, os autores afirmam que a investigação tinha como objetivo fazer afirmações conclusivas sobre os intervenientes na educação como estudantes e famílias desfavorecidos (minorias). O Conselho Americano de Educação (ACE) constata que a demografia está relacionada com a AFM nas instituições próprias e com os efeitos no envolvimento dos alunos e no sucesso da aprendizagem. Os meios de comunicação social e os blogues de professores de instituições com fins lucrativos revelam dedicação ao ensino dos alunos, apesar de factores (atenção negativa dos meios de comunicação social, preocupações do Departamento de Estado dos EUA) que levam à frustração e insatisfação no trabalho.

Capítulo 19

Conclusão

Os dados e a informação da investigação indicam que a expansão do AFM está a acontecer devido a pressões financeiras, demográficas e exigentes sobre a instituição secundária pós discutida neste artigo. A análise da literatura e das reacções dos adjuntos ajuda a classificar e a analisar a informação que é conclusiva quanto ao facto de se pensar que uma variedade de factores está correlacionada com a implementação eficaz do AFM no ensino superior, sendo que um dos mais importantes é o reconhecimento da necessidade de uma reformulação da faculdade e da universidade tradicionais. Até mesmo a nomenclatura pode ser actualizada para se referir aos adjuntos como docentes, ou professores, em vez de auxiliares a tempo parcial ou adjuntos! O corpo docente contingente e adjunto chama a atenção para o seu estatuto, que é o de trabalhar sem segurança como membro titular. As "melhores práticas" para o desenvolvimento de uma governação colaborativa, incluindo a calendarização do corpo docente e a utilização eficaz das credenciais, dos diplomas e da experiência, é uma questão que se coloca aos responsáveis pela melhoria da AFM nas instituições públicas, sem fins lucrativos e privadas. A investigação de Lindholm (2003) sobre o ambiente de trabalho (campus) e a satisfação dos docentes numa instituição pública do sistema da Universidade da Califórnia revelou que o nível de conforto e o sentimento de respeito estavam associados à satisfação no trabalho, independentemente do tipo de nomeação (tempo parcial ou tempo inteiro). A medida em que os dirigentes académicos, como os reitores das faculdades ou os presidentes/directores dos departamentos, são eficazes na resposta às necessidades dos membros do corpo docente em geral também tem consequências para o nível de satisfação profissional dos docentes que não trabalham a tempo inteiro (adjuntos). medida que a implementação do AFM prossegue no ensino superior, vale a pena recorrer a estudos sobre "o que funciona" para melhorar a implementação e a satisfação de todo o corpo docente. Para além dos objectivos de eficácia e eficiência, é necessário prestar serviços académicos a estudantes modernos que necessitam de muito mais serviços de recuperação e de orientação social e cognitiva do que os nossos sistemas pós-secundários em dificuldades estão a prestar. De facto, precisamos de restabelecer uma verdadeira autoridade nos departamentos para criar comunidades de aprendizagem colaborativas e líderes.

Referências

AAUP.Org. (2006). Como diversificar o corpo docente. Obtido em http://www.aaup.org/issues/diversity-affirmative-action/diversify-faculty.

AAUP.Org. (2015) Situação do corpo docente a tempo parcial. Recuperado de http://www.aaup.org/report/status-part-time-faculty.

Conselho Americano do Ensino Superior. (n.d.). *Unbundling versus design faculty roles.* Obtido em http://www.acenet.edu/news-room/Documents/Unbundling-Versus-Designing- Faculty-Roles.pdf.

Federação Americana de Professores (2002). Standards of good practice in employment of part-time/Adjunct faculty (Normas de boas práticas no emprego de professores a tempo parcial/adjuntos). Obtido de http://www.aft.org/sites/default/files/standardsptadjunct02.pdf.

August, L. e Waltman, J. (2004). Cultura, clima e contribuição: Career satisfaction among female faculty. *Investigação no Ensino Superior,* 45(2*)*, 177-192.

Boynton, S. (2015). *Um professor titular sobre a razão pela qual a contratação de adjuntos está errada.* Recuperado de http://talkingpointsmemo.com/cafe/a-tenured-professor-on-why-hiring-adjuncts-is-wrong.

CHEA.Org. (2014). *Um exame do corpo docente em mudança: Garantir a qualidade institucional e alcançar os resultados desejados de aprendizagem dos alunos.* Recuperado de http://www.chea.org/pdf/Examination_Changing_Faculty_2013.pdf.

Centro para o Envolvimento de Estudantes de Faculdades Comunitárias (CCCSE) (2014). *Compromissos contingentes: Bringing part-time faculty into focus (Um relatório especial do Center for Community College Student Engagement).* Austin, TX: Universidade do Texas em Austin, Programa de Liderança no Ensino Superior.

Davis, M. (2015*). Investigação sobre aprendizagem combinada: Sete estudos que deve conhecer.* Obtido de http://blogs.edweek.org/edweek/DigitalEducation/2015/04/blended_learning_research_the.html.

DEAC.Org. (2016). *Terceira parte: Normas de acreditação.* Obtido em http://www.deac.org/UploadedDocuments/2016-Handbook/2016-Accreditation- Handbook- Part-Three.pdf.

Fain, P. (2016). *Ser duro com um guardião.* Recuperado de https://www.insidehighered.com/news/2016/06/16/education-department-recommends- eliminando os colégios nacionais de acreditação com fins lucrativos.

Gapta, J. (1984). Empregar professores a tempo parcial: Thoughtful approaches to continuing problems. Recuperado de file:///C:/Users/KIMBER~1/AppData/Local/Temp/ED254134.pdf.

Garth-James, K. (2016). Implementação do modelo de corpo docente adjunto. *American Journal of Educational Research, Vol (4)8*, pp. 637-647.

Garth-James, K. (2015). Making sense of MOOCs. *Sage Encyclopedia of Economics and Society, Vol 3*, pp. 1074-107.

Harkin, T. (2012). Harkin: Relatório revela realidades preocupantes das escolas com fins lucrativos. *Comissão de Saúde, Educação, Trabalho e Pensões do Senado dos EUA*. Recuperado de http://www.help.senate.gov/ranking/newsroom/press/harkin-report-reveals-troubling-realities-of- escolas com fins lucrativos.

Howell, S., Saba, F., Lindsay, N. e Willian, P. (2004). Seven strategies for enabling faculty successes in distance education (Sete estratégias para o sucesso do corpo docente no ensino à distância). *Internet & Higher Education*, 7(1), pp. 33-40.

Kezar, A. (Ed.). (2010). *Reconhecer e servir os estudantes com baixos rendimentos no ensino pós-secundário: An examination of institutional policies, practices, and culture [Um exame das políticas, práticas e cultura institucionais]*. Nova Iorque, NY: Routledge.

Kezar, A. (2014). Mudando os modelos de força de trabalho do corpo docente. Kezar, A. (2015). Recuperado de http://www.uscrossier.org/pullias/wp-content/uploads/2013/11/KezarPaper_fin_lr.pdf.

Kezar, A., Maxley, K. (2015). *Adaptação pela conceção.* https://www.insidehighered.com/sites/default/server_files/files/DELPHI%20PROJECT_ADAPT INGBYDESIGN_EMBARGOED%20(1).pdf

Kezar, A. e Lester, J. (2009). *Organizar o ensino superior para a colaboração: A guide for campus leaders.* São Francisco, CA: Jossey-Bass.

Kezar, A. e Maxey, D. (2013). A força de trabalho académica em mudança. *AGB Trusteeship Magazine*, pp. 1-10.

Krippendorff, K. (2015). *Análise de conteúdo: Uma introdução à sua metodologia.* Thousand Oaks, CA: Sage Publications.

Lindholm, J. (2003). Perceived organizational fit: Nurturing the minds, hearts, and personal ambitions of university faculty. *The Review of Higher Education, 27*(1), pp. 125-139.

Logue, J (2015). *A tempo inteiro fora do regime de titularidade.* Recuperado de https://www.insidehighered.com/news/2015/09/29/study-explores-job-satisfaction-full-time-non-professores em regime de tenure-track.

Mann, S. (2015). *Em defesa das faculdades com fins lucrativos*. Recuperado de http://www.military.com/education/finding-a-school/in-defense-of-for-profit-colleges.html.

Marston, G. e Brunetti, S. (2005). Satisfação profissional de professores experientes numa faculdade de arte liberal. *Educação* 130 (2), pp. 32-347.

Moor, J., Dickerson-Deane, C. e Gaylen, K. (2010). *e-Learning, aprendizagem em linha e ambientes de aprendizagem à distância: São a mesma coisa?* Recuperado de https://scholar.vt.edu/access/content/group/5deb92b5-10f3-49db-adeb-7294847f1ebc/e-Aprendizagem%20Scott%20Midkiff.pdf.

Moxley, L. (1977). *Job satisfaction of faculty teaching in higher education: An examination of Herzberg dual-fator theory and Porter's need satisfaction research*. Retirado de http://files.eric.ed.gov/fulltext/ED139349.pdf.

NCES.Org (2016*). Factos rápidos sobre as taxas de licenciatura*. Recuperado de https://nces.ed.gov/fastfacts/display.asp?id=40.

NCTE.Org. (1997). Declaração da conferência sobre a utilização crescente de professores a tempo parcial e professores adjuntos. Recuperado de http://www.ncte.org/positions/statements/useofparttimefaculty.

Nolan, H. (2016). A miséria dos professores adjuntos mantém o ensino superior em expansão. Recuperado de http://gawker.com/the-misery-of-adjunct-professors-keeps-higher-education-1772267323.

Neely, P., e Tucker, J. (2010). Unbundling faculty roles in online distance education programs.*International Review of Research in Open & Distance Learning*, 11(2), pp. 20-33.

NY Post.Com. (2015). *A prestigiada faculdade está a sair do negócio. Recuperado de http://nypost.com/2015/05/16/one-of-americas-most-prestigious-colleges-is-closing.*

Panda, S e Mishra, S. (2007). E□ Learning numa mega universidade aberta: Atitude, barreiras e motivações do corpo docente *Education Media International* 44(4), pp. 323-338.

Paulson, K. (2002). Reconfiguring faculty roles for virtual settings. *The Journal of Higher Education,* 73 (1), pp. 123-140.

Ponjuan, L., Conley, V.M., e Trower, C. (2011). Career stage differences in pre-tenure track faculty perceptions of professional and personal relationships with colleagues [Diferenças entre as fases da carreira nas percepções do corpo docente sobre as relações profissionais e pessoais com os colegas]. *The Journal of Higher Education* 82(3), pp. 319-346.

Sanford, B. e McClasin, N. (2004). *Assessment of Professional Development Activities, Instructional Needs, and Delivery Methods of Part-Time Technical and Occupational Faculty in U.S. Community Colleges (Avaliação das Actividades de Desenvolvimento Profissional, Necessidades de Instrução e Métodos de Distribuição do Corpo Docente Técnico e Ocupacional a Tempo Parcial nos Colégios Comunitários dos EUA).* Obtido em http://files.eric.ed.gov/fulltext/ED493602.pdf

Sabhawal, M., e Corley, E. (2009). Faculty job satisfaction across gender and discipline [Satisfação profissional dos docentes em função do género e da disciplina]. *The Social Science Journal* 46(3), pp. 539-556.

Schult, M. (2010). Percepções dos docentes sobre as transacções tecnológicas de ensino à distância: Resultados qualitativos para informar as práticas de ensino. *O Jornal dos Educadores Online* (7)2, pp.134.

Smerek, R. e Peterson, M. (2007). Examinar a teoria de Herzberg: Melhorar a satisfação no trabalho entre os funcionários não académicos de uma universidade. *Investigação no Ensino Superior* 48(2), pp. 229249.

Smith, D. (1996). Faculty diversity when jobs are scarce: Debunking the myths" (Desmistificando os mitos). he Chronicle of Higher Education. Recuperado de http://www.millersville.edu/services/socialeq/files/additionalresources/Debunking_The_MythsP DF.

Smith, V. (2008). The unbundling and rebundling of the faculty role in e-learning community college courses". Dissertação de doutoramento. Base de dados ProQuest Dissertations and Theses (AAT 3315310).

Solomon, B. (1985). *In the company of educated women: A history of women and higher education in America [Na companhia de mulheres cultas: uma história das mulheres e do ensino superior na América].* New Haven: Yale University Press.

Stemler, S. (2001). *Uma visão geral da análise de conteúdo.* Recuperado http://www.pareonline.net/getvn.asp?v=7&n=17.

Swan, K. & Ice, P. (2010). O quadro da Comunidade de Inquérito dez anos depois: introdução à edição especial. *Internet e Ensino Superior, 13(1-2),* pp. 1-4.

Rampell, C. (2014). *O investimento em faculdades com fins lucrativos não está a compensar.* Retrieved from https://www.washingtonpost.com/opinions/catherine-rampell-the-investment-in-for-profit- colleges-isnt-paying-off/2014/09/25/0c4aaf24-44ec-11e4- b47cf5889e061e5f_story.html?utm_term=.fe96533e8ea6.

Rhode, M. (2014). *Conselho do Trabalho: Os professores adjuntos da universidade católica podem sindicalizar-se.*
Obtido em http://ncronline.org/news/faith-parish/labor-board-adjunct-professors-catholic- university- can-form-union.

Taddonio, P. (2016). Estação Pública de Radiodifusão (PBS)-Frontline. *VER: Nas faculdades com fins lucrativos, grandes empréstimos e promessas não cumpridas.* Recuperado de http://www.pbs.org/wgbh/frontline/article/watch-at-for-profit-colleges-large-loans-and-broken- promises/.

Tagg, J. (2012). *Porque é que o corpo docente resiste à mudança?* Recuperado de http://www.changemag.org/Archives/Back%20Issues/2012/January February%202012/facultychange-full.html.

TESOL. (n.d.). *Documento de posição sobre o tratamento equitativo dos docentes a tempo parcial, adjuntos e eventuais.*
Obtido em http://www.tesol.org/docs/pdf/377.pdf?sfvrsn=2.

TESOL.Org. (2002). Resolução dos membros em apoio da semana da equidade no campus (CEW) e da conferência sobre trabalho académico contingente (COCAL). Obtido em http://www.tesol.org.

Umbach, P. (2008). *The effects of part-time faculty appointments on instructional techniques and commitment to teaching*. Retirado de http://www4.ncsu.edu/~pdumbach/part-time.pdf.

USDO.Org. (2002*). Docentes e pessoal docente a tempo parcial: Who they are, what they do and what they think*. Washington, D.C.: GPO.

USDOE.Org. (2010). *Avaliação de práticas baseadas em provas na aprendizagem em linha Uma meta-análise e revisão de estudos sobre aprendizagem em linha*. Obtido de https://www2.ed.gov/rschstat/eval/tech/evidence-based-practices/finalreport.pdf.

Câmara dos Representantes dos EUA (2014). Professor a tempo e horas. Recuperado de http://democrats.edworkforce.house.gov/sites/democrats.edworkforce.house.gov/files/documents /1.24.14-AdjunctEforumReport.pdf.

Relatório do Centro Wallace. (2012) Avaliação da eficácia do ensino. Obtido em http://www.rit.edu/academicaffairs/facultydevelopment/sites/rit.edu.academicaffairs.facultydevel opment/files/docs/Evaluation_of_Teaching_Effectiveness.pdf.

Wilcox, A., Gallagher, K., Bolden-Alba, B., & Bakken, S. (2012). *Recolha de dados de investigação Métodos: Do papel aos computadores tablet*. Obtido em http://repository.edm-forum.org/cgi/viewcontent.cgi?article=1003&context=informatics_resources.

Garth-James, K. (2015). Cursos online abertos e massivos (MOOCs). *Sage Encyclopedia of Economics and Society 3*. Thousand Oaks, CA: Sage Publications, pp. 1369-172.

Garth-James, K. e Hollis, B. (2014). *Ligar alunos globais utilizando o eLearning e o modelo de comunidade de investigação*. Recuperado de http://pubs.sciepub.com/education/2/8/15/.

Woodhouse, T. (2015) *Trying to survive*. Recuperado de https://www.insidehighered.com/news/2015/05/12/mills-college-struggles-financial-difficulty- presidente-da-faculdade-em-repouso-declara-que-perdeu-o-cargo.

yes
I want morebooks!

Buy your books fast and straightforward online - at one of world's fastest growing online book stores! Environmentally sound due to Print-on-Demand technologies.

Buy your books online at
www.morebooks.shop

Compre os seus livros mais rápido e diretamente na internet, em uma das livrarias on-line com o maior crescimento no mundo! Produção que protege o meio ambiente através das tecnologias de impressão sob demanda.

Compre os seus livros on-line em
www.morebooks.shop

Printed by Books on Demand GmbH, Norderstedt / Germany